◎ 本书获长沙理工大学出版资助

# 融资性担保企业防控人员道德风险的激励机制研究

Research on Incentive Mechanism of Prevention and Controlling Personnel's Moral Hazard in Financing Guarantee Enterprises

◎ 李铁宁 著

图书在版编目（CIP）数据

融资性担保企业防控人员道德风险的激励机制研究／李铁宁著．—西安：西安交通大学出版社，2024.9

ISBN 978-7-5693-2474-7

Ⅰ．①融… Ⅱ．①李… Ⅲ．①融资－担保－风险管理－研究－中国 Ⅳ．F832.21

中国版本图书馆 CIP 数据核字（2021）第 266145 号

书　　名　融资性担保企业防控人员道德风险的激励机制研究
　　　　　Rongzixing Danbao Qiye Fangkong Renyuan Daode Fengxian de Jili Jizhi Yanjiu
著　　者　李铁宁
责任编辑　韦鸽鸽　王晓芬
责任校对　刘莉萍

出版发行　西安交通大学出版社
　　　　　（西安市兴庆南路 1 号　邮政编码 710048）
网　　址　http://www.xjtupress.com
电　　话　（029）82668357　82667874（营销中心）
　　　　　（029）82668315（总编办）
传　　真　（029）82668280
印　　刷　湖南省众鑫印务有限公司

开　　本　710mm×1000mm　1/16　印张　12　字数　165 千字
版次印次　2024 年 9 月第 1 版　2024 年 9 月第 1 次印刷
书　　号　ISBN 978-7-5693-2474-7
定　　价　84.00 元

**李铁宁**　长沙理工大学经济与管理学院企管系人力资源管理教研室主任，副教授，博士，硕士生导师。湖南省人力资源与社会保障厅项目评审特聘专家。主要研究方向为：激励理论与实践。曾主持湖南省自然科学基金项目1项、主持湖南省社会基金项目2项、湖南省哲学社会科学成果评审委员会项目2项、湖南省科技厅软科学重点项目1项。在《管理工程学报》《运筹与管理》等学术期刊发表与激励相关的学术论文11篇，出版专著1部。

# 前　言

融资性担保企业在中小企业融资过程中起到非常重要的桥梁作用。发达国家的融资性担保都是由国家政府承担的，不以营利为目的，带有很强的公益性。我国曾在1999年提出建设以政策性担保为“主体”，“一体两翼四层”的担保体系设想。但是在很长一段时间内，由于国家财政资金有限，商业性融资担保企业不得不代替国家政策性担保履行支持中小企业融资的职能。经过20多年经济建设，我国财政实力逐渐增强，目前政策性担保已经逐步取代商业性融资担保的市场主体地位，然而商业性担保仍然占据一定市场份额。

担保业是国际公认的高风险行业，其收益与风险存在极大不对称性，即代偿风险造成的损失远大于收益。政策性担保由政府承担这种风险，而商业性担保则由担保企业自身承担。然而，商业性担保企业要在担保市场上生存，又不得不盈利，因此这就需要商业性担保要更好地控制担保风险，才能有较好的盈利水平。

担保企业可能出现的风险主要包括业务风险和人员风险两方面，其中，业务风险只要制度完善、业务流程规范，就不难控制。人员风险包括在担保业务链上业务经理、风险控制经理（下文简称风控经理）和担保业务评委，以及在招聘培训过程中总经理和业务部门主管等人员有可能发生的道德风险。由于存在信息不对称，代理人的隐藏行为难以观察或不能观察，因此防控人员风险的难度要大得多。本书以担保企业人员道德风险为研究对象展开深入研究。

现有道德风险的研究多集中于金融业、物流、供应链、产学研等领域，而有关担保文献，更多侧重于业务风险，人员道德风险的文献鲜有所见。在研究方法方面，传统的道德风险建模更多采用的是双边、团队、多任务及多阶段的单边道德风险模型。相比之下，本书的研究结合融资性担保企业业务和管理实际的特点，分别构建了业务经理和风控经理的"双边道德风险"模型，业务经理的"三阶段道德风险"模型和"两阶段多任务道德风险"模型，业务评委团队的"团队多任务道德风险"模型，"双边团队道德风险"模型，"团队两阶段道德风险"模型，以及总经理和业务部门主管的"单边道德风险"模型。笔者倡导运用经济学激励理论和最优化理论与算法，引导这五类工作人员努力并提升其努力水平，从而达到防控道德风险的目的。本书的研究不仅丰富了道德风险的理论体系，而且拓展了道德风险理论在担保行业的应用领域。

本书主要内容包括：第1章，研究背景、研究意义、研究内容和方法、研究的创新点。第2章，道德风险研究综述。第3章，针对担保业务经理在担保的尽职调查、项目评审和保后监管三个业务阶段可能发生的道德风险，构建了防控担保业务经理"三阶段道德风险"的激励模型，并设计了激励契约。第4章，针对担保业务经理和风控经理在尽职调查阶段有可能发生的双边道德风险，构建了防控业务经理和风控经理"双边道德风险"的激励模型，并设计了激励契约。第5章，针对担保业务经理在尽职调查和保后监管阶段兼顾业务开展任务和风控控制任务时，有可能发生的道德风险，构建了防控业务经理"两阶段多任务道德风险"的激励模型，并设计了激励契约。第6章，针对担保业务评委团队在评审担保业务时，与业务经理和风控经理形成的"团队"，有可能发生团队间的双边道德风险，构建了防控团队间"双边团队道德风险"的激励模型，并设计了激励契约。第7章，针对担保业务评委团队同时评审多项担保业务的道德风险，构建了防控担保业务评委团队"团队多任务道德风险"的激励模型，并设计了激励契约。第8章，针对担保业务评委团队在评议会和评审会两轮业务评审的道德风险，构建了防控“团队两阶段道德风险”的激励模型，并设计了激励契约。第9章，针对担保企业总经理在招聘工作中滥用权力、业务部门主管在培训工作中传授担保知识经验时有所保留等问题，构建了防控“单边道德风险”的激励模型，并设计了激励契约。第10章，通过对国内典型性和代表性的省级担保企业的调研，获取第一手研究数据，运用验证性案例研究的方法，检验以上各章数理模型研究结论的合理性和有效性，并对部分数理研究结论进行了修正。第11章，基于本书研究结论，对担保企业防控人员道德风险给出具体的实践管理建议。

本书的研究重点、难点体现在：

(1) 将担保企业及其各类工作人员的特点融合进传统的委托代理模型，分别构建各类道德风险模型，此为研究重点和难点之一。

(2) 通过对省级典型性代表性的担保企业的调研，运用案例研究来检验本书数理模型的研究结论，此为研究重点和难点之二。

(3) 当数理模型没有解析解时，需要借助 Matlab 2017b 软件进行数值仿真，相关的具体技术性操作为研究的难点之三。

本书的出版受到长沙理工大学的资助，还受到2013年湖南省社会科学基金项目(13YBB003)、2022年湖南省科学成果评审委员会课题 [ 湘社评(2022) J001] 的资助。在本书的撰写过程中，参阅了许多研究文献，主要的文献资料在本书的参考文献已经列出，但由于种种原因，可能有所疏漏，在此谨向相关学术论文、图书的作者和出版社致以谢意。特别感谢省担保协会领导，感谢调研担保企业对本研究的大力支持，感谢本人研究生王蕊对专著校对付出的辛勤劳动。

本书可供高等学校经济管理类专业，尤其是金融担保专业的教师、研究生，以及担保企业实务界管理人员阅读参考。

# 目 录

# 第1章 绪 论

## 1.1 研究背景

在我国经济高质量发展过程中，中小企业对国内经济发展的贡献是巨大的。然而，由于中小企业具有规模小、经营风险大等特点，其在发展的过程中经常遇到融资难的问题。融资性担保企业（下文称担保企业）作为银行和中小企业间的桥梁，为中小企业融资起到了重要作用。融资性担保行业是世界公认的高风险行业，人员的道德风险问题则是造成担保企业风险代偿的最主要原因之一。

经济学上的道德风险是指在委托代理关系中，代理人实施了委托人不希望发生的行为，并且道德风险行为产生于双方签订契约之后，代理人隐藏自己的信息或行动属于道德风险问题。根据这一定义，担保企业人员道德风险问题有三类：职业道德风险问题，责任心不够导致的人员风险问题，素质能力不足导致的人员风险问题。前两者是在担保企业与相关工作人员在聘用合同签订后，由于信息不对称，代理人在委托人不能或不便于观察的情况下做出不利于委托人的行为；而素质能力不足则是在聘用合同签订后，在实际工作中发现被聘用者难以胜任工作。

担保企业工作人员道德风险问题在现实中具体表现为：担保企业业务人

员在操作业务时对客户企业“吃拿卡要”，或与风控经理合谋骗取担保企业的担保而从中牟利；业务评委团队成员在评审业务时不尽责或评审能力不足，不能洞察担保业务的风险隐患；在担保业务人员招聘工作中，担保企业总经理权力过大，滥用权力或以权谋私；在培训工作中，担保企业的部门业务主管因考虑个人利益而不愿传授担保知识给新员工或有所保留等。这些问题，如果不能得到有效防控，必将给担保企业带来巨大的风险隐患，甚至危及担保企业的生存。

## 1.2 研究意义

### 1.2.1 理论意义

不少国外学者认为道德风险问题是委托代理关系的中心问题[1]。本书所研究的委托代理关系体现在担保企业相关工作人员的道德风险方面。本书结合担保企业业务和管理实践的特点，创新性地构建了若干复合式道德风险数理模型，并运用经济学激励理论和最优化理论与算法工具，引导担保企业这五类人员努力并提升其努力水平，从而达到防控道德风险的目的。本书的研究不仅丰富了激励理论的理论体系，而且拓展了激励理论在担保行业的应用领域。

### 1.2.2 实践意义

为解决中小企业融资难的瓶颈，世界各国普遍选择信用担保的方式[2]。担保行业被世界公认为高风险行业，人员的道德风险问题则是造成担保企业风险代偿的最主要的原因之一。因此，本书针对担保企业业务链工作人员和招聘培训中管理人员的道德风险问题，引导其努力及提升其努力水平防控道德风险。这对于有效防控担保企业的人员道德风险，对于保证担保企业的正常运营管理，并保障我国中小企业融资渠道畅通都具有重要的实践指导意义。

## 1.3　研究的创新点

### 1.3.1　研究内容的创新

现有道德风险的研究集中在金融、物流领域，供应链系统，产学研，企业家和风险投资家等领域，对于担保企业人员道德风险的研究鲜有所见。融资性担保为国际中小企业融资的重要手段，担保风险控制为其第一要务。本书将经济学的激励理论运用于担保企业，用于防控人员道德风险，不仅丰富了激励理论体系，而且拓展了激励理论的应用领域。

### 1.3.2　研究方法的创新

国内外道德风险模型大多为单边道德风险模型，少有复合式道德风险模型。本书一方面针对相关人员的道德风险问题，充分考虑了担保业务操作和经营管理的特点，分别构建了针对业务经理和风控经理的“双边道德风险”模型，针对业务经理的“三阶段道德风险”模型和“两阶段多任务道德风险”模型，针对业务评委团队的“团队多任务道德风险”模型、“双边团队道德风险”模型及“团队两阶段道德风险”模型，针对总经理和业务部门主管的“单边道德风险”模型。另一方面，本书将数理建模与案例研究有机结合，通过调研访谈获取第一手资料，并运用验证性案例研究检验数理模型结论在担保实践中的有效性和合理性。

# 第2章 道德风险研究综述

本书研究担保企业相关工作人员道德风险防控的激励机制。笔者在中国知网CNKI及WoS核心库等中英文数据库查找相关文献，收集到近5年有关道德风险的激励机制的文献150余篇，这些文献的研究内容多是与知识共享行为[3]的激励机制相关，也有一些学者将公平理论[4-5]、过度自信行为[6]等因素引入激励机制，涉及的领域是用户创新企业[3]、供应链[4]、制造业[5]、废品回收处理企业与政府[7]等。

## 2.1 担保企业人员道德风险的研究

通过对文献的检索和梳理，与本书主题直接相关的文献如下：李铁宁等[8-10]通过对担保业务流程进行分析，主要研究了担保集团与下属子公司之间的道德风险以及担保企业业务经理和业务评委可能发生的道德风险问题。这几篇文献涉及的研究对象十分有限，并未研究担保企业所有相关人员的道德风险问题，更没有将研究对象的道德风险问题细化分类深入研究，且所运用的道德风险的数理模型还局限于单边道德风险模型。

## 2.2 道德风险的研究

学术界在道德风险研究领域，目前仍以单边道德风险问题研究居多。值得注意的是，近年学术界出现了将不同单边道德风险模型有机结合构建复合式模型的研究趋势。

### 2.2.1 多任务道德风险模型

国内外学者研究了多任务之间的关系[11-12]对激励因子的影响，代理人对两任务投入的努力水平与委托人给其的报酬有关[13-14]。代理人考虑自身成本的情况下对不同任务的努力水平不同，委托人增加激励可以诱导代理人分配更多的时间和精力到敏感的任务上[14]，并且两任务之间的风险相关度与其激励强度是成反比的[15]。除此之外，一些研究还发现，委托人对代理人的激励强度与代理人的风险规避度呈负相关关系[13, 15-17]。委托方的激励强度与代理方的风险规避度、成本系数及两项任务之间的相关系数呈负相关[18]。夏纪军[19]采用多任务委托代理模型，研究不同股权分散度的非国有企业股改对高管激励的不同影响。奖金会影响代理人的行为[20-21]。代理人面临失去奖金的风险时，会提升对任务投入的努力水平。委托人给代理人提供奖金会减少代理人发生道德风险的概率，但不能完全消除代理人的寻租行为[21]。综上可知，现有的多任务道德风险文献更多的是研究多任务间的关系、任务间的风险相关水平、奖金以及代理人投入的努力成本等因素对激励强度的影响，研究的领域主要为中小型科技企业、金融类企业、物流行业、旅游行业、国有企业及政府单位等。

### 2.2.2 多阶段道德风险模型

在不同的激励模型中，虽然补偿契约可以激励零售商更努力，但是对制造商促销行为投入的努力激励不足[22]。在供应链系统中，供应商可以通过激励来诱导零售商公布自身的真实信息，达到提高自身收益的目的[23]。一些研究学者将声誉机制分别引入易逝品供应链系统和闭环供应链系统，研究发现：在易逝品供应链系统中引入的声誉机制有较强的激励作用[24]，而在闭环供应链系统中，声誉机制对回收商可以起到长期的激励作用，制造商给予回收商同样的激励，可以使其付出更多的努力[25]。还有一些研究学者研究公平偏好、行为偏好、时间偏好、知识共享等因素对激励机制的影响。有研究发现，偏好公平的风险企业家会提升每个阶段的努力水平。当风险企业家的嫉妒程度增大时，偏好公平的风险企业家对每个阶段投入的努力会增加，风险投资家对其激励强度会先增强后减弱。而在激励模型中引入公平偏好，双方的收益都会提高[26]。有研究认为公平偏好会降低代理人努力的投入水平，而工资差距反之[27]。还有研究认为消费者的行为偏好提升可以加强收益共享契约对代理人产生的激励效果[28]。还有研究提出降低共享知识的成本，且对员工进行一定程度的物质及精神激励等来提高员工共享知识的意愿。员工风险规避度增大时，企业通过支付更多薪酬来鼓励员工对工作投入更多的努力[30]。综上可知，现有的多阶段道德风险文献更多是将声誉、公平偏好、行为偏好、时间偏好等因素引入模型中进行研究，且大部分的研究对象为供应链系统，而鲜少运用多阶段道德风险模型研究担保企业中人员的道德风险问题。

### 2.2.3　团队道德风险模型

委托人对代理人的激励因子不仅与其自身的努力成本系数、协调效率有关，而且与其他成员的努力成本系数和协调效率有关[31]。不同学者研究了公平偏好对团队合作的影响，团队合作和权利相结合的问题，以及竞争对激励机制的影响。研究发现：公平偏好对团队合作努力的影响主要取决于代理人的努力成本和项目属性[32]。高强度的激励可以抵消更高的努力成本[33]，也可以激励员工付出更多的努力，从而提高工人的产出[34]。有竞争关系的团队比有合作关系的团队受到的激励大[35-36]。在团队合作的情况下，委托人的监督、奖惩力度越高，代理人的努力成本越低，代理人会对工作投入越多的努力[37]。具有不同类型偏好的代理人，其最优委托策略也不同，代理人具有相对极端的事前偏好时，委托人应保留权利，与代理人进行沟通。而当代理人有中间偏好时，委托人将权利委托给代理人[38]。部分学者研究指出，在团队成员知识互补的情况下，个体激励和团队激励具有互补关系[39]；当团队成员具有内在激励动机时委托人更喜欢使用团队激励，积极的员工则更喜欢个人激励[40]。综上可知，现有关于团队道德风险的文献主要研究的是代理人的不同偏好对团队合作的影响，以及团队之间存在竞争关系对委托代理关系中激励机制的影响，较少研究团队中人员道德风险问题或者团队整体的道德风险的问题。

### 2.2.4 双边道德风险模型

有学者研究产学研合作过程中的道德风险问题，研究认为将激励机制中引入预付金的分配方式，不一定能很好地激励企业和科研机构努力，因为较高的预付金会降低委托方对科研机构的激励强度[41]，而具有双边激励作用的分配方式则可以较好地发挥政府的引导作用，缓解信息不对称条件下的低效率现象[42]。基于成本函数的补贴方式比固定补贴方式能更好地激励科研机构[43]。有不少文献在研究供应链过程中发生的双边道德风险问题。张红霞[44]研究在不同契约模式下，质量控制成本以及外部市场变化对契约的影响。Shen[45]的研究认为，关系契约对制造商和零售商之间的合作有积极的激励作用。从分散、集中决策两种模型来说，当分别处于分散和集中决策模式下时，承包商会提升努力水平，供应商会得到较多的收益。但是从供应链系统的收益最大化角度出发，集中决策模式较好[46]。过度自信行为可以降低创业企业的道德风险[47]。在合作双方研发的激励问题中，自身风险厌恶程度越大，其得到的最优分享比例越小[48]。企业家与风险投资家之间存在一个最优契约集，其中所有契约都达到相同的次优社会状态[49]。最优谈判分配基于双方努力的产出弹性，稳定匹配遵循正匹配原则 [50]。如果企业家对不公平现象表现出厌恶，那么最优合同必须平衡企业家对公平的关注和风险资本家提供激励的愿望 [51]。当科技型创业企业的预期产出较低时，把初始控制权配置给风险资本家能够激励其改善行为；反之，将初始控制权配置给企业家更有助于减少由于出现违约情况而产生的损失 [52]。近年国内外关于双边道德风险研究了不同分配方式、不同决策模式、过度自信和违约补偿、双边声誉、风险厌恶、公平等因素对代理人激励产生的影响。国内外有关双边道德风险的文献以供应链居多 [53]，鲜有涉及担保企业的研究。

### 2.2.5　复合式多阶段多任务道德风险模型

在复合式多阶段和多任务道德风险研究领域，不同任务间存在协同效应下的动态多任务激励模型中，激励契约可以有效地避免短期效应，并且有利于企业的长期发展 [54]。一些研究人员将在职消费行为和声誉等影响因素引入动态多任务激励模型中，研究发现，代理人出现的在职消费行为不一定可以增加自身的努力投入，当代理人出现在职消费的行为时，委托人可以适当降低对其激励强度 [55]。委托人声誉越高，代理人对提高自身服务质量和委托人的声誉两任务会投入越多的努力，而对个人工作投入的努力水平则缓慢上升甚至有下降趋势 [56]。雷煊和严广乐 [57] 研究了商业银行和信贷员之间的激励机制，发现委托人可以激励代理人对两任务投入的努力都大于零，降低由于信息不对称发生的道德风险。当激励成本降低时，风险高于平均水平的项目绝对收益随着自由现金流的增加而增加。还有研究认为，有足够好的业绩的经理会被分配更多的项目，而表现不佳的经理会被惩罚，只能分配到更少的项目 [58]。现有的复合式多任务多阶段道德风险主要研究了多周期动态激励契约与单周期静态的对比，项目的最优选择问题以及低风险下的激励措施等，尚未有复合式多任务多阶段道德风险模型在担保企业中运用的研究。

### 2.2.6 复合式团队多阶段道德风险模型

在复合式团队和多阶段道德风险的研究领域，有研究认为工资差异可以缓解由于公平感知导致的努力水平下降行为，提高团队的收益，但工资差异过大会不利于团队之间的合作 [59]。有研究认为声誉因素可以增强委托人对代理人的激励强度且起到约束作用 [60]。还有研究认为高绩效工资率和高团队分享率可以激励企业员工对工作投入更多的努力，增强和其他成员的团队合作度。零售商可以改变激励强度系数来增强声誉效应，以此来平衡自身收益和供应链收益最大化目标 [61]。现有的团队多阶段道德风险主要考虑声誉因素对代理人激励的影响以及员工的薪酬差异对团队合作的影响，研究领域集中于物流行业。

### 2.2.7 复合式双边多阶段道德风险模型

在复合式双边和多阶段道德风险的研究领域，有研究认为风险投资家可通过增加激励强度来促使企业家对工作投入更多的努力，降低道德风险 [62]。有研究认为高管过度自信的行为能够减少委托人对于解聘行为的倾向，也可实现高管的自我激励，但过度自信会损害高管的工作积极性，且两阶段的补偿机制相互影响 [63]。现有的文献中关于双边多阶段道德风险的文献数量较少，而近期关于双边多阶段复合式道德风险文献，主要是研究委托人风险投资家与代理人企业家之间可能存在的道德风险。

### 2.2.8 复合式团队多任务道德风险模型

在复合式团队和多任务道德风险的研究领域，有研究认为代理商在生产与合作之间应做好分配，在最优激励机制中，如果代理人合作的潜在利益高，或双方都表现出不公平厌恶，且努力的边际成本较低，则团队激励优于个人激励 [64]。但是，现有复合式团队多任务道德风险极少见。

## 2.3 文献研究述评

(1) 在研究内容方面，学术界现有研究大多是针对金融、物流行业，供应链、产学研、技术创新和知识共享等方面，对于担保企业的人员风险问题的研究十分有限。近年来，本书作者也仅发表少数几篇研究论文，分别是研究担保集团对下属子公司的道德风险，担保企业评委团队及业务经理的道德风险问题。因此，为了系统全面研究融资性担保企业人员道德风险问题，本书全面系统地研究了担保业务链上业务实际操作过程中业务经理、风控经理、业务评委及总经理和业务部门负责人这五类主要工作人员的道德风险问题。

(2) 在研究方法方面，现有研究道德风险问题多为单边道德风险模型，少有复合式道德风险模型。但是，将不同类型的单边道德风险模型有机结合，构建复合式道德风险模型的研究更贴近现实，它日益成为研究发展的趋势。然而，目前复合式道德风险文献还十分有限。因此，本书根据担保实践，构建了多种复合式道德风险模型。特别地，当模型无解析解时，运用 Matlab 2017b 进行数值仿真，从仿真图形各变量间的变化趋势揭示激励机制。此外，本书将数理模型研究与验证性案例研究两种方法有机结合，用案例研究方法检验数理模型结论的有效性和合理性，在学术界还不多见。

# 第 3 章　基于三阶段道德风险模型的担保业务经理激励机制

担保项目具有收益和亏损极不对称的特点，一笔担保业务的代偿损失往往需要十笔以上盈利的业务弥补。而担保业务的盈亏与业务经理的道德风险也有紧密关系，可以说业务经理操作担保业务直接影响担保企业的盈亏，甚至生存。担保业务在尽职调查、业务评审和保后监管三阶段存在很强的内在关联性，因此如何通过激励手段防控业务经理在这三个业务阶段的道德风险行为，是担保企业实务中一个重要的现实问题。

现有多阶段道德风险的研究大多针对物流企业和金融企业，且模型大多数是在有限的两期或两阶段的结构下考虑问题，并很少涉及人的道德敏感度等因素。本章运用经济学激励理论和最优化理论与算法，构建了担保企业业务经理在尽职调查、项目评审和保后监管三阶段道德风险激励模型，运用 Matlab 2017b 软件仿真技术揭示了业务阶段之间的努力影响因子、业务经理道德敏感度、代偿损失分担比例与最优激励因子的关系。

## 3.1　担保业务经理三阶段道德风险的问题描述

根据担保业实践经验，在担保业务链上，业务经理最有可能发生道德风险的三个阶段是尽职调查阶段、业务评审阶段、保后监管阶段。

(1) 担保业务的尽职调查阶段。担保企业会委派业务经理和风控经理分别单独前往客户企业了解其经营状况，并判断客户企业是否具备承保条件。在这个阶段业务经理的风险责任分为：有过错风险责任和无过错风险责任。有过错风险责任的典型行为是：业务经理在尽职调查过程中，为追求自身利益最大化，有可能有意通过刁难客户企业等手段来达到勒索钱财的目的。无过错风险责任的典型行为是：由于业务经理业务素质和能力不足，以及责任心不够，在尽职调查中不能察觉业务中隐含的风险，而把项目推荐给担保企业，最终导致担保企业的风险损失。

⑵担保业务的业务评审阶段。业务经理和风控经理分别出具对担保项目的初审意见，提交担保企业对项目进一步审查。担保企业组成项目评审委员会，对呈递的业务再次审核把关。在这个阶段，业务经理会想方设法向担保企业推荐这个担保项目。在这个过程中，业务经理有过错风险责任表现为：有意隐瞒项目风险，有意提供不实证据欺骗。无过错风险责任表现为：对自己推荐项目的内在风险没有察觉，不具备洞察项目风险的经验和业务素质能力。在这两种情况下，如果担保企业评委不能起到把关作用，极有可能导致担保风险的发生。

⑶担保业务的保后监管阶段，担保企业会委派业务经理继续进行跟踪调查和监测，撰写《担保项目保后监管报告》，为风险评级提供依据，对出现异常的在保项目及时采取相应措施。在保后监管之前、担保企业承保后，由于担保企业依据已承保的业务对业务经理予以业绩奖励，业务经理有可能忽略对业务后续的跟踪监督，若客户企业后续经营状况变化，而不能按时归还银行贷款，就会导致担保风险。在这个阶段，很有可能发生由于业务经理责任心不够而导致无过错风险责任的道德风险。

根据绪论部分的经济学道德风险的定义，在本章研究的问题中，业务经理在与担保企业签订聘用契约后操作业务时，可能会隐藏自己的信息或行为，在担保业务三阶段做出与委托人担保企业利益相违背的行为，因此属于典型经济学道德风险。

## 3.2　三阶段道德风险模型的基本假设

担保业务经理在三个业务阶段的业务操作是有内在联系的。业务经理在尽职调查阶段存在道德风险隐患，必然会影响业务评审和保后监管阶段业务后续工作，导致担保业务隐藏潜在的担保风险。在担保业务尽职调查和项目审核阶段，业务经理努力投入增加，通常担保企业的担保收入也会增加；在业务保后监管阶段，如果监管到位就会顺利解保，否则就会发生担保代偿。

**假设 1**：担保项目通过率 $\delta$（$0<\delta<1$）表示该担保业务通过业务评审阶段的评委审核的难度。根据担保收入、业务经理努力水平、业务通过率和业务经理素质高低这几个因素的变化特点，借鉴 Jarque[65] 多阶段持续性努力条件下收入函数表达式 $S_t=\sum_{\tau=1}^{t}\rho^{t-\tau}e_\tau$（式中，$S_t$ 为第 $t$ 期总收入，$\tau$ 为期数，$\rho$ 为影响第 $t$ 期努力 $e_\tau$ 的因子，$e_\tau$ 为第 $t$ 期努力），该模型下，尽职调查阶段对收入的影响最小，业务评审阶段影响次之。但担保业务的实际情况却是，尽职调查阶段的调查对担保收入影响最大，业务评审阶段的审核影响次之，保后监管阶段的影响最小。故将担保企业业务收入模型修正为：

$$R=re_1+r\delta(\lambda e_1+e_2)+r(\lambda^2 e_1+\lambda e_2+e_3)$$

式中，$\lambda$ 为前阶段努力对后阶段努力的影响因子，简称为“外部效应”，越接近当期阶段的努力，对该期努力影响越大，$0\leqslant\lambda\leqslant 1$；$e_1$、$e_2$、$e_3$ 表示业务经理分别在三个业务阶段付出的努力水平；$r$ 表示业务经理的业务能力，且 $r>1$；$R$ 为担保企业业务收入。

**假设 2**：一般而言，担保企业实行的是“月固定收入 + 阶段性奖励”的薪酬制。阶段性奖励包括业务拓展费、担保收入提成奖、解保奖。本章采取固定薪酬加绩效奖金形式：$\omega=\alpha+\beta_i R$（式中，$\omega$ 为业务经理所得薪酬，$\alpha$ 为固定收入，$\beta_i$ 为第 $i$ 期激励因子，$R$ 为担保企业业务收入）。该线性形式被 Holmstrom 和 Milgrom[66] 证明具有强鲁棒性。担保企业在担保合同签订时，为业务经理提供了线性激励收益：

$$\omega=\alpha+[\beta_1 r\lambda^0 e_1+\beta_2 r\delta(\lambda e_1+e_2)+\beta_3 r(\lambda^2 e_1+\lambda e_2+e_3)]$$

式中，$\alpha$ 是固定薪酬；$\beta_i(i=1,2,3)$ 为对业务经理在各业务阶段奖励系数，即为各业务阶段激励因子；其他参数含义同假设1。

**假设3**：业务经理在操作担保业务是要花费一定成本的，借鉴 Holmstrom 和 Milgrom[66] 的成本函数表达式 $\sum_{i=1}^{3}C(e_i)=\sum_{i=1}^{3}\frac{1}{2}(\lambda e_i)^2$（式中，$C(e_i)$ 为成本函数，$i$ 为第 $i$ 个业务阶段，其他参数含义同假设1）。因此担保业务经理努力成本函数可表示为：

$$\sum_{i=1}^{3}C(e_i)=\frac{1}{2}\left[e_1^2+\left(\lambda e_1+e_2\right)^2+\left(\lambda^2 e_1+\lambda e_2+e_3\right)^2\right]$$

**假设4**：担保业务经理的道德意识是影响其职业操守的重要因素之一。借鉴国外学者 Stevens 和 Thevaranjan[67] 针对道德意识的研究，测度道德敏感度。为度量业务经理履行道德风险责任而额外付出的努力，本章把担保业务经理道德敏感度成本表示为：

$$\sum_{i=1}^{3}C\left(m,e_i\right)=m\left[1-\frac{e_1^2+(\lambda e_1+e_2)^2+(\lambda^2 e_1+\lambda e_2+e_3)^2}{s^2}\right]\qquad(0\leqslant m\leqslant 1)$$

式中，$m$ 为道德敏感度，当 $m\to 1$ 时，表示业务经理具有高的职业道德水准，当 $m\to 0$ 时，表示业务经理低职业道德水准；$s$ 为担保企业制度规定的努力标准；其他参数含义同假设1。

**假设5**：在承保一项担保业务后，业务经理的主要精力便投入下一个新业务，有可能忽视监控跟踪客户企业后期经营状况，而一旦客户企业经营恶化就可能发生代偿风险。业务经理代偿损失的风险成本，借鉴 Hsu[68] 的研究：

$$C(\beta,\rho)=\frac{\rho Var(s)}{2}=\frac{\rho\beta^2\sigma^2}{2}$$

式中，$\rho$ 为风险规避度，且 $0\leqslant\rho\leqslant 1$；$\beta$ 为业务经理平均激励因子，结合本章三阶段业务激励实际，令 $\beta=\frac{\beta_1+\beta_2+\beta_3}{3}$，其中 $\beta$ 为三阶段平均激励因子，$\beta_i$ 为第 $i$ 阶段激励因子；$\sigma^2$ 为影响风险成本的随机因素的方差，包括担保市场行业结构调整导致竞争态势变化等外部因素，而且随机因素的方差呈正态分布。其他参数含义同假设4。

**假设6**：如果业务在保后监管阶段发生代偿损失，根据担保企业实践，损失由担保企业和业务经理共同承担，本章用 $k$ 表示担保企业承担的损失比例，担保企业承担的风险损失为：

$$C_{31}(\beta_i,k)=k\frac{\rho\left(\frac{\beta_1+\beta_2+\beta_3}{3}\right)^2\sigma^2}{2}$$

用 $1-k$ 表示业务经理需要承担的损失比例，业务经理承担的风险损失为：

$$C_{32}(\beta_i,1-k)=(1-k)\frac{\rho\left(\frac{\beta_1+\beta_2+\beta_3}{3}\right)^2\sigma^2}{2}$$

其参数含义同假设5。

## 3.3　模型的构建与求解

本章假设委托人为担保企业，代理人为担保企业业务经理。在委托代理关系的两个层面中，由于业务经理的努力给委托人担保企业带来的期望效用等于期望收入：

$$\begin{aligned}\max_{\beta}U\left(DB\right)=&R\left(e_1,e_2,e_3\right)-\omega\left(e_1,e_2,e_3\right)-C\left(\beta_i,k\right)\\&=\left[re_1+r\delta\left(\lambda e_1+e_2\right)+r\left(\lambda^2e_1+\lambda e_2+e_3\right)\right]-\\&\left\{\alpha+\left[\beta_1re_1+\beta_2r\delta\left(\lambda e_1+e_2\right)+\beta_3r\left(\lambda^2e_1+\lambda e_2+e_3\right)\right]\right\}-\\&k\frac{\rho\left(\frac{\beta_1+\beta_2+\beta_3}{3}\right)^2\sigma^2}{2}\end{aligned}\tag{3.1}$$

代理人担保业务经理的期望效用函数为：

$$\begin{aligned}\max_{e_1,e_2,e_3} U(YR) &= \omega\left(e_1,e_2,e_3\right)-C\left(e_1,e_2,e_3\right)-C\left(m,e_1,e_2,e_3\right)-C\left(\beta_i,1-k\right)\\ &=\alpha+\left[\beta_1 r e_1+\beta_2 r\delta\left(\lambda e_1+e_2\right)+\beta_3 r\left(\lambda^2 e_1+\lambda e_2+e_3\right)\right]-\\ &\frac{1}{2}\left[e_1^2+\left(\lambda e_1+e_2\right)^2+\left(\lambda^2 e_1+\lambda e_2+e_3\right)^2\right]-\\ &m\left[1-\frac{e_1^2+\left(\lambda e_1+e_2\right)^2+\left(\lambda^2 e_1+\lambda e_2+e_3\right)^2}{s^2}\right]-(1-k)\frac{\rho\left(\frac{\beta_1+\beta_2+\beta_3}{3}\right)^2\sigma^2}{2}\end{aligned} \tag{3.2}$$

担保业务经理参与约束 $IR$ 为：

$$\begin{aligned}&\alpha+\left[\beta_1 r e_1+\beta_2 r\delta\left(\lambda e_1+e_2\right)+\beta_3 r\left(\lambda^2 e_1+\lambda e_2+e_3\right)\right]-\frac{1}{2}\left[e_1^2+\left(\lambda e_1+e_2\right)^2+\left(\lambda^2 e_1+\lambda e_2+e_3\right)^2\right]-\\ &m\left[1-\frac{e_1^2+\left(\lambda e_1+e_2\right)^2+\left(\lambda^2 e_1+\lambda e_2+e_3\right)^2}{s^2}\right]-(1-k)\frac{\rho\left(\frac{\beta_1+\beta_2+\beta_3}{3}\right)\sigma^2}{2}\geqslant 0\end{aligned} \tag{3.3}$$

担保业务经理激励相容约束 $IC$ 为：

$$e_1,e_2,e_3\in\arg\max\left\{\begin{aligned}&\alpha+\left[\beta_i r e_1+\beta_2 r\delta\left(\lambda e_1+e_2\right)+\beta_3 r\left(\lambda^2 e_1+\lambda e_2+e_3\right)\right]-\\ &\frac{1}{2}\left[e_1^2+\left(\lambda e_1+e_2\right)^2+\left(\lambda^2 e_1+\lambda e_2+e_3\right)^2\right]-\\ &m\left[1-\frac{e_1^2+\left(\lambda e_1+e_2\right)^2+\left(\lambda^2 e_1+\lambda e_2+e_3\right)^2}{s^2}\right]-\\ &(1-k)\frac{\rho\left(\frac{\beta_1+\beta_2+\beta_3}{3}\right)^2\sigma^2}{2}\end{aligned}\right\} \tag{3.4}$$

担保企业不会给业务经理更多利益，在最优的情况下，参与约束条件式(3.3)中的等式成立。业务经理最优化问题转化为只含有等式约束的优化问题。这样，参与约束式(3.3)为等式，激励相容约束式(3.4)为等式。根据等式约束优化的乘子法[69]，将式(3.3)、式(3.4)、式(3.1)联合构造增广的 Lagrange 如下：

$$\Phi(e_i,\beta_i,\xi,\zeta)=F(e_i,\beta_i)+\xi H(e_i,\beta_i)+\zeta G(e_i,\beta_i),\ i=1,2,3 \tag{3.5}$$

式中，$F(e_i,\beta_i)$ 为担保企业的目标函数；$H(e_i,\beta_i)$ 为业务经理激励相容约束；$G(e_i,\beta_i)$ 为业务经理参与约束；$\xi$ 为 $H(e_i,\beta_i)$ 等式约束系数；$\zeta$ 为 $G(e_i,\beta_i)$ 等式约束系数；$e_i$ 和 $\beta_i$ 中 $i=1,2,3$，分别表示第 $i$ 个业务阶段的努力和激励因子。又因业务经理参与约束式(3.3)与激励相容约束式(3.4)中期望效用函数是相同的，其对 $e_1$、$e_2$、$e_3$ 的一阶条件的效果是等效的。故将式(3.5)简化为：

$$\Phi(e_i,\beta_i,\xi)=F(e_i,\beta_i)+\xi H(e_i,\beta_i),\ i=1,2,3 \tag{3.6}$$

根据 Kuhn-Tucker 最优化条件，采用 Mirrlees 和 Holmstrom 提出的一阶条件方法，对式(3.6)求解：

$$\begin{cases}\dfrac{\partial\Phi(e_i,\beta_i,\xi)}{\partial\beta_1}=0\\[2ex]\dfrac{\partial\Phi(e_i,\beta_i,\xi)}{\partial e_i}=0\\[2ex]\dfrac{\partial\Phi(e_i,\beta_i,\xi)}{\partial\xi}=H(e_i,\beta_i)=0\end{cases}\qquad (i=1,2,3) \tag{3.7}$$

$$\frac{\partial\Phi(e_i,\beta_i,\xi)}{\partial\beta_1}=(1+\xi)re_1-\rho\sigma^2\frac{\beta_1+\beta_2+\beta_3}{9}=0\qquad (i=1,2,3)$$

解得：

$$\xi_1=\frac{\rho\sigma^2(\beta_1+\beta_2+\beta_3)-9re_1}{9re_1} \tag{3.8}$$

同理，对 $\beta_2$ 和 $\beta_3$ 求偏导，可得：

$$\xi_2=\frac{\rho\sigma^2(\beta_1+\beta_2+\beta_3)-9r\delta(\lambda e_1+e_2)}{9r\delta(\lambda e_1+e_2)} \tag{3.9}$$

$$\xi_3=\frac{\rho\sigma^2(\beta_1+\beta_2+\beta_3)-9r\delta(\lambda^2 e_1+\lambda e_2+e_3)}{9r\delta(\lambda^2 e_1+\lambda e_2+e_3)} \tag{3.10}$$

将式(3.8)、式(3.9)、式(3.10)有关 $\xi_i$（$i=1,2,3$）的表达式分别代入式(3.6)，再分别对 $\Phi(e_i,\beta_i,\xi)$ 的三个阶段的努力 $e_i$ 求偏导数，分别得到如下结果：

$$
\begin{aligned}
\frac{\partial\Phi}{\partial e_1}=&(r+r\delta\lambda+r\lambda^2)-(\beta_1 r+\beta_2 r\delta\lambda+\beta_3 r\lambda^2)+\\
&\frac{-9re_1-\left[\rho\sigma^2(\beta_1+\beta_2+\beta_3)-9re_1\right]}{9re_1^2}\times\left\{\begin{array}{l}\alpha+\left[\beta_1 re_1+\beta_2 r\delta(\lambda e_1+e_2)+\beta_3 r(\lambda^2 e_1+\lambda e_2+e_3)\right]-\dfrac{1}{2}\left[e_1^2+(\lambda e_1+e_2)^2+(\lambda^2 e_1+\lambda e_2+e_3)^2\right]-\\ \left\{m\left[1-\dfrac{e_1^2+(\lambda e_1+e_2)^2+(\lambda^2 e_1+\lambda e_2+e_3)^2}{s^2}\right]\right\}-(1-k)\dfrac{\rho(\beta_1+\beta_2+\beta_3)^2\sigma^2}{18}\end{array}\right\}+\\
&\frac{\rho\sigma^2(\beta_1+\beta_2+\beta_3)-9re_1}{9re_1}\times\left\{\begin{array}{l}\left(\beta_1 r+\beta_2 r\delta\lambda+\beta_3 r\lambda^2\right)-\left[e_1+(\lambda e_1+e_2)\lambda+(\lambda^2 e_1+\lambda e_2+e_3)\lambda^2\right]+\\ m\dfrac{2e_1+2(\lambda e_1+e_2)\lambda+2(\lambda^2 e_1+\lambda e_2+e_3)\lambda^2}{s^2}\end{array}\right\}
\end{aligned}
\tag{3.11}
$$

$$
\begin{aligned}
\frac{\partial\Phi}{\partial e_2}=&(1-\beta_2)r\delta+(1-\beta_3)r\lambda+\frac{-\rho\sigma^2(\beta_1+\beta_2+\beta_3)}{9r\delta(\lambda e_1+e_2)^2}\times\left\{\begin{array}{l}\alpha+\left[\beta_1 re_1+\beta_2 r\delta(\lambda e_1+e_2)+\beta_3 r(\lambda^2 e_1+\lambda e_2+e_3)\right]-\dfrac{1}{2}\left[e_1^2+(\lambda e_1+e_2)^2+(\lambda^2 e_1+\lambda e_2+e_3)^2\right]-\\ m\left[1-\dfrac{e_1^2+(\lambda e_1+e_2)^2+(\lambda^2 e_1+\lambda e_2+e_3)^2}{s^2}\right]-(1-k)\dfrac{\rho\left(\dfrac{\beta_1+\beta_2+\beta_3}{3}\right)^2\sigma^2}{2}\end{array}\right\}+\\
&\frac{\rho\sigma^2(\beta_1+\beta_2+\beta_3)-9r\delta(\lambda e_1+e_2)}{9r\delta(\lambda e_1+e_2)}\times\left\{\beta_2 r\delta+\beta_3 r\lambda-(\lambda e_1+e_2)-(\lambda^2 e_1+\lambda e_2+e_3)\lambda+m\frac{2(\lambda e_1+e_2)\lambda+2(\lambda^2 e_1+\lambda e_2+e_3)\lambda}{s^2}\right\}
\end{aligned}
\tag{3.12}
$$

$$
\begin{aligned}
\frac{\partial\Phi}{\partial e_3}=&(1-\beta_3)r+\frac{\rho\sigma^2(\beta_1+\beta_2+\beta_3)}{9r\delta(\lambda^2 e_1+\lambda e_2+e_3)^2}\times\left\{\begin{array}{l}\alpha+\left[\beta_1 re_1+\beta_2 r\delta(\lambda e_1+e_2)+\beta_3 r(\lambda^2 e_1+\lambda e_2+\mathrm{e}_3)\right]-\dfrac{1}{2}\left[e_1^2+(\lambda e_1+e_2)^2+(\lambda^2 e_1+\lambda e_2+\mathrm{e}_3)^2\right]\\ -m\left[1-\dfrac{e_1^2+(\lambda e_1+e_2)^2+(\lambda^2 e_1+\lambda e_2+\mathrm{e}_3)^2}{s^2}\right]-(1-k)\dfrac{\rho\beta^2\sigma^2}{2}\end{array}\right\}+\\
&\frac{\rho\sigma^2(\beta_1+\beta_2+\beta_3)-9r\delta(\lambda^2 e_1+\lambda e_2+e_3)}{9r\delta(\lambda^2 e_1+\lambda e_2+e_3)}\times\left[\beta_3 r-(\lambda^2 e_1+\lambda e_2+\mathrm{e}_3)+m\frac{2(\lambda^2 e_1+\lambda e_2+\mathrm{e}_3)}{s^2}\right]
\end{aligned}
\tag{3.13}
$$

由式(3.11)、式(3.12)、式(3.13)可知，难于分别求出 $e_1$、$e_2$、$e_3$ 解析解的具体表达式，故考虑运用数值仿真来研究参数与最优激励因子之间的关系。

## 3.4　模型的数值仿真

为直观反映各研究参数对激励契约的影响，运用 Matlab 2017b 将式(3.11)、式(3.12)、式(3.13)中主要参数对最优激励因子的影响进行数值仿真。据对担保业的调研了解，在担保业务的三个阶段，前阶段对后阶段努力的平均影响因子、业务经理道德敏感度、代偿损失分担比例三个因素是最主要的影响因素。根据上文假设和担保实践经验决定参数的取值范围，如表3.1所示。当研究一个参数时，把其他参数取表3.1中合理值，从而将其影响固化。

表3.1　研究参数取值范围和合理取值表

| 主要参数 | 定义 | 参数取值范围 | 合理取值 | 主要参数 | 定义 | 参数取值范围 | 合理取值 |
|---|---|---|---|---|---|---|---|
| $\lambda$ | 前阶段对后阶段努力的平均影响因子 | $0\leqslant\lambda\leqslant 1$ | 0.5 | $m$ | 业务经理道德敏感度 | $0\leqslant m\leqslant 1$ | 0.5 |
| $\delta$ | 项目通过评审的比率 | $0\leqslant\delta\leqslant 1$ | 0.5 | $\rho$ | 风险规避度 | $0<\rho<1$ | 0.3 或 0.8 |
| $k$ | 担保企业代偿分担比例 | $0<k<1$ | 0.8 | $r$ | 业务经理业务能力 | $r>1$ | 1.5 |
| $\sigma^2$ | 影响担保风险成本的随机因素的方差 | $\sigma^2>0$ | 50 | $S$ | 努力的标准（临界标准） | $S>0$ | 0.9 |

表3.1中研究参数的合理取值做如下说明：担保业务前阶段对后阶段努力影响因子取均值，影响因子 $\lambda$ 取均值0.5；担保业务经理业务能力系数 $r$ 取值1.5；担保项目在评审阶段通过率取均值0.5；道德敏感度 $m$ 取均值0.5；如果担保业务发生代偿损失，担保企业应承担大部分损失，$k$ 取值0.8；担保业务经理在尽职调查阶段和项目评审阶段，由于自身利益最大化，采取风险偏好，风险规避度 $\rho$ 取值0.3；在保后监管阶段，业务经理一般不愿冒更大风险，而

采取风险规避，风险规避度 $\rho$ 取值0.8。

### 3.4.1 担保业务阶段间努力影响因子分别与三阶段最优激励因子关系的仿真

以业务阶段间的努力影响因子 $\lambda$ 为横坐标，然后分别以三阶段最优激励因子 $\beta_i^*$ 为纵坐标绘制图3.1。

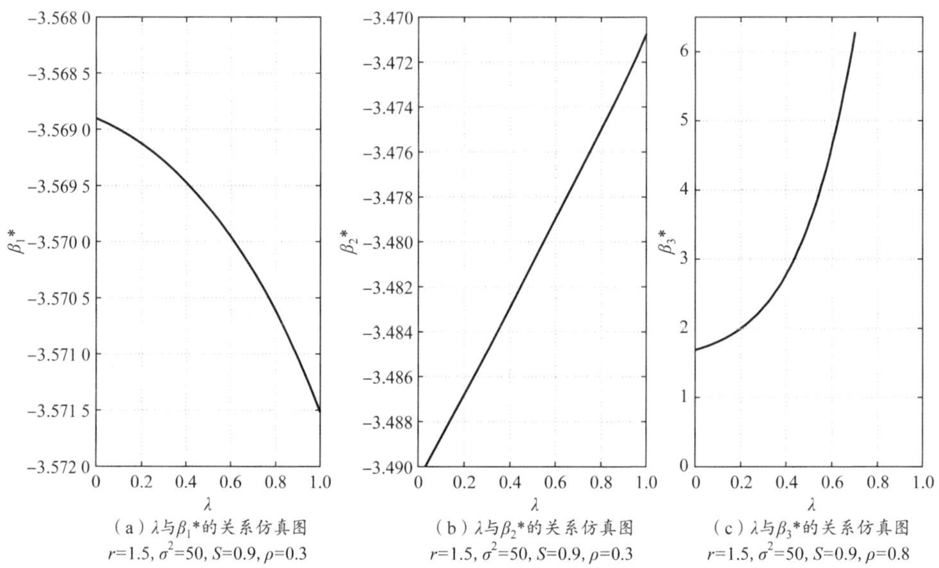


图3.1 担保业务阶段间努力影响因子与三阶段最优激励因子关系

由图3.1（a）可知，在尽职调查阶段，随着业务阶段间的努力影响因子 $\lambda$ 增大，对业务经理的负激励应加大；由图3.1（b）可知，在业务评审阶段，随着业务阶段间的努力影响因子 $\lambda$ 增大，应减小对业务经理的负激励；由图3.1（c）可知，在业务保后监管阶段，随着业务阶段间的努力影响因子 $\lambda$ 增大，对业务经理的正激励应加强。

业务阶段间的努力影响因子增大，意味着业务经理前阶段努力对后阶段努力有重要影响。例如，在尽职调查阶段，如果业务经理努力调查项目，就可能及早发现项目风险，这样在第二阶段即项目评审阶段，不必再付出更多努力排查风险。因此，从防控担保风险出发，在尽职调查阶段，应采取合适的激励方式引导业务经理努力尽职调查担保项目。基于此分析，图3.1仿真结果可解释为：

(1)业务经理如果操作成功一单担保业务，就有可观的提成收益。受自身利益最大化影响，业务经理在尽职调查阶段往往是风险偏好的，甚至可能有意隐瞒担保风险。因此，在第一阶段，强化对业务经理的负激励，有助于督促其提高担保风险控制的意识。

(2)第一阶段的努力对第二阶段的努力影响大，表现为业务经理在尽职调查阶段切实把控担保风险，尽可能在第一阶段排查出隐含的担保风险，加之业务经理受业务经验等本身素质能力限制的影响，担保企业还需要进一步对项目进行评审来审核排查担保风险，因此，对业务经理负激励的强度应减小。

(3)当担保业务被担保企业承保后，业务经理还需要对项目进行跟踪监控，确保项目顺利解保。但与此同时，业务经理有可能已开始着手尽职调查下一个新的担保业务，对已承保的项目，有可能放松懈怠对其保后监管，对有可能出现的担保风险缺乏敏感性。对已承保的项目采取递增的正激励，有助于激励业务经理对已经承保的项目保持关注。

### 3.4.2　担保业务经理道德敏感度分别与三阶段最优激励因子关系的仿真

以业务经理道德敏感度 $m$ 为横坐标，然后分别以三阶段最优激励因子 $\beta_i^*$ 为纵坐标绘制图3.2。

由图3.2（a）可知，在尽职调查阶段，随着业务经理的道德敏感度 $m$ 增大，对业务经理的正激励应减小。由图3.2（b）可知，在担保企业的业务评审阶段，随着业务经理的道德敏感度 $m$ 增大，应减小对业务经理的正激励。由图3.2（c）可知，在保后监管阶段，随着业务经理的道德敏感度 $m$ 增大，对业务经理的正激励应加强。

业务经理道德敏感度的提高意味着业务经理在操作业务时的自律约束行为意识增强，即使只给予低水平正激励，也能自觉恪守职业操守。基于此分析，图3.2的仿真结果可解释为：

⑴在第一、二阶段，业务经理出于自身利益考虑，为使项目能够被担保企业承保，他们往往倾向风险偏好，而其道德敏感度提高时，可降低对其正激励强度。

⑵在第二阶段，业务经理主要是配合担保企业评委审核项目，对评委提出的疑问做配合审查工作，业务经理的努力付出小于第一阶段，对其正激励强度可小于第一阶段的正激励强度。

⑶在第三阶段，业务经理容易忽视业务保后监管的后续工作，不愿冒太大的风险，对项目趋向风险规避。为促使业务经理继续关注项目后续保后监管工作，应采取加大正激励的措施。

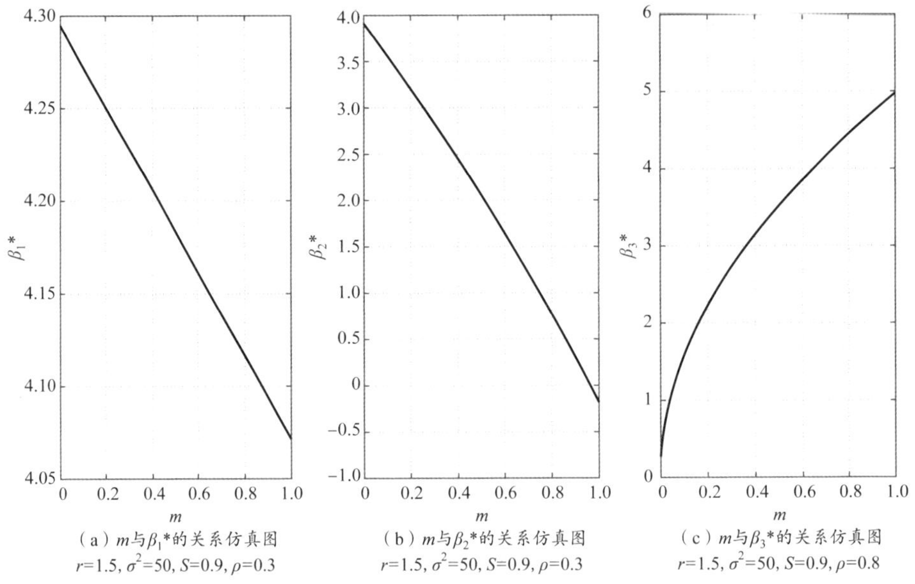


图3.2 担保业务经理道德敏感度与三阶段最优激励因子关系

### 3.4.3 担保企业担保代偿损失分担率分别与三阶段最优激励因子关系的仿真

以业务经理分担担保损失比例 $k$ 为横坐标，然后分别以三阶段最优激励因子 $\beta_i^*$ 为纵坐标绘制图3.3。

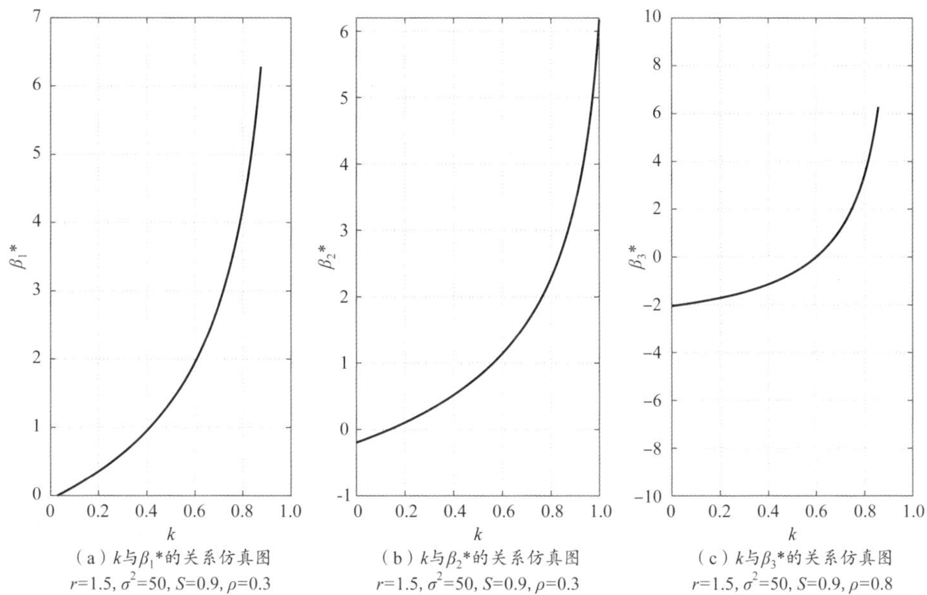


**图3.3　担保企业担保代偿损失分担率与三阶段最优激励因子关系**

由图3.3（a）可知，在尽职调查阶段，随着业务经理分担担保损失的比例 $k$ 增大，对业务经理的正激励应递增。由图3.3（b）可知，在担保企业的业务评审阶段，随着业务经理分担担保损失的比例 $k$ 增大，对业务经理的正激励也应递增。由图3.3（c）可知，在业务的保后监管阶段，随着业务经理分担担保损失的比例 $k$ 增大，对业务经理的正激励也应递增。

根据担保实践，发生担保风险代偿的原因有可能是多方面的，持续对业务经理进行负激励，不利于激励业务经理操作下一个新担保业务的工作积极性。处理代偿损失的通常做法是，担保企业承担代偿损失的大部分，但同时也对业务经理予以适当经济惩罚。基于此分析，图3.3的仿真结果可解释为：(1) 在担保业务第一、二阶段，随着担保企业担保代偿损失分担率提高，应在第一、二阶段给予业务经理不同程度的正激励，促使其以积极工作态度操作新的担保项目。(2) 由于担保代偿损失实际发生在第三阶段，在这个阶段，当担保企业承担代偿损失比例为中低水平时（$k < 0.6$），相应地，业务经理必然也要

承担一定经济损失。而当担保企业承担代偿损失比例逐步提高时，对业务经理的激励也由负激励转变为正激励，且激励强度在逐步递增。当担保企业承担代偿损失比例增至0.8以上的比例时，对业务经理的正激励保持在一定水平，不再增加。换句话说，就是使业务经理承担少部分代偿损失的同时，仍要给予其适当的正激励，以促使其处理好已发生代偿损失的项目。

## 3.5 模型的稳定性分析

为检验模型的稳定性，下面对模型进行敏感性分析。主要研究参数三个业务阶段间业务经理努力影响因子 $\lambda$、业务经理道德敏感度 $m$、代偿损失分担比例 $k$ 分别单独变动 ±5%、±10%、±15% 时，由目标函数变动情况，判断上述研究参数对目标函数的影响程度。本章采用局部敏感性分析 [70] 的敏感性系数法进行研究。

$$\text{参数的敏感性系数} = |\text{目标函数值变动百分比} \div \text{研究参数变动百分比}|$$

$$= \left|(\Delta E/E) \div (\Delta x/x)\right|$$

式中，$x$ 为研究参数，$E$ 为目标函数。

根据表3.2所示的研究参数敏感性系数数据，可知在业务尽职调查阶段研究，对式(3.11)的影响在0.14‰ ~ 0.85‰；在担保业务评审阶段，对式(3.12)的影响在0.1‰ ~ 0.97‰；在担保的保后监管阶段，对式(3.13)的影响在0.24‰ ~ 7.5‰。因此，本章研究模型及其研究结论具有较强的稳定性。

表3.2 研究参数敏感性参数表

| 研究参数 | −15% | −10% | −5% | 5% | 10% | 15% |
|---|---|---|---|---|---|---|
| 业务经理尽职调查阶段激励模型——式（3.11） | | | | | | |
| $\lambda$ | 0.004 385 | 0.004 315 | 0.004 249 | 0.004 126 | 0.004 069 | 0.004 015 |
| $m$ | 0.005 971 | 0.005 814 | 0.005 665 | 0.005 388 | 0.005 260 | 0.005 138 |
| $k$ | 0.008 499 | 0.002 512 | 0.001 781 | 0.001 426 | 0.002 511 | 0.008 267 |

续表

| 研究参数 | −15% | −10% | −5% | 5% | 10% | 15% |
| --- | --- | --- | --- | --- | --- | --- |
| 业务经理担保业务评审阶段激励模型——式（3.12） | | | | | | |
| $\lambda$ | 0.008 194 | 0.004 133 | 0.001 044 | 0.001 001 | 0.006 050 | 0.008 806 |
| $m$ | 0.006 738 | 0.006 087 | 0.001 674 | 0.001 495 | 0.005 698 | 0.006 077 |
| $k$ | 0.009 601 | 0.003 296 | 0.001 057 | 0.001 762 | 0.003 696 | 0.007 680 |
| 业务经理担保业务保后监管阶段激励模型——式（3.13） | | | | | | |
| $\lambda$ | 0.007 160 | 0.006 458 | 0.005 791 | 0.004 560 | 0.005 992 | 0.007 452 |
| $m$ | 0.007 091 | 0.005 852 | 0.002 677 | 0.002 497 | 0.005 485 | 0.007 210 |
| $k$ | 0.007 222 | 0.004 874 | 0.002 544 | 0.002 932 | 0.004 648 | 0.007 377 |

## 3.6　研究结论

(1) 担保业务阶段之间的努力影响因子与三阶段最优激励因子关系的数值仿真。在尽职调查阶段，随着业务阶段之间的努力影响因子增大，对业务经理的负激励应加大；在业务评审阶段，随着业务阶段之间的努力影响因子增大，应减小对业务经理的负激励；在保后监管阶段，随着业务阶段之间的努力影响因子增大，对业务经理的正激励应加大。

(2) 担保业务人员道德敏感度与三阶段最优激励因子关系。在尽职调查阶段，随着业务经理道德敏感度的提升，对其正激励应减小；在业务评审阶段，随着业务经理道德敏感度的提升，对其正激励也应减小；在保后监管阶段，随着业务经理道德敏感度的提升，对其正激励应增加，且增加速率也应递减。

(3) 担保企业担保代偿损失分担率与三阶段最优激励因子关系。在尽职调查阶段，随着担保企业担保代偿损失分担率的增加，对业务经理的正激励应增加，且增加的幅度应呈递增趋势；在业务评审阶段，随着担保企业担保代偿损失分担率的增加，对业务经理的正激励也应增加，且增加的幅度也应呈递增趋势；在保后监管阶段，随着担保企业担保代偿损失分担率的增加，对业务经理的负激励应转为正激励，且增加的幅度应呈递增趋势；当正激励达到中高水平时，正激励保持在一定水平，不再增加。

# 第 4 章　基于双边道德风险模型的担保业务经理和风控经理激励机制

为了约束担保业务经理在尽职调查阶段有诸如“吃拿卡要”等道德风险行为，担保企业设立了风控经理的职位，对业务经理予以牵制和制约。然而，业务经理和风控经理同为委托人担保企业的代理人，他们之间也有可能存在串谋行为。因此，如何通过激励手段防控双方的道德风险行为，是担保企业实践中另一个重要的现实问题。

本章运用经济学激励理论和最优化理论与算法，构建尽职调查阶段担保业务经理和风控经理的双边道德风险模型，运用 Matlab 2017b 软件仿真技术揭示业务经理和风控经理的风险规避度、努力成本系数、产出系数与最优激励因子之间的变化规律。

## 4.1　尽职调查阶段业务经理和风控经理双边道德风险的问题描述

在尽职调查阶段，业务经理需要对客户企业进行全面客观的调查，并根据调查结果，出具真实的调查报告。在此阶段，业务经理可能存在的道德风险为：客户企业为了顺利承保而对业务经理进行贿赂，业务经理经不住诱惑，做出败德行为，出具存在虚假信息的调查报告，来掩盖客户企业存在的风险隐患，将不符合承保要求的客户企业力推给担保企业。业务经理不仅收受了客户企业的贿赂，而且在担保项目承保后还获取了担保收入的提成奖金。

为制约业务经理的道德风险行为，在尽职调查阶段，风控经理与业务经理是独立进行工作的，在业务经理调查结束后，风控经理再次单独前往客户企业进行调查，并出具独立的审核报告。在此阶段，风控经理可能存在的道德风险为：客户企业可能会对风控经理进行贿赂，导致风控经理在调查过程中没有完全尽到自己的职责；风控经理也可能刻意隐瞒业务经理调查过程中出现的不当行为，最后出具同意操作的明确意见。

业务经理和风控经理可能为了自身利益而串谋。根据担保行业的规章制度，在尽职调查阶段，业务经理和风控经理应该独立对客户企业进行实地调查，并单独出具调查报告和审核报告，双方是互相牵制的关系。由于业务经理与风控经理的委托人同为担保企业，两者可能会为了共同的利益而发生串谋行为，双方通过合谋而隐藏客户企业存在的担保业务风险，分别出具不符合实际情况的调查报告和审核报告，将具有担保风险隐患的客户企业推荐给担保企业。项目承保后，双方瓜分客户企业的贿赂，并因担保业务成立再提取相应的奖金。

根据绪论部分的经济学道德风险的定义，本章研究的问题中，业务经理和风控经理在与担保企业签订聘用契约后操作业务，业务经理和风控经理可能会隐藏自己的信息或行为，在担保业务尽职调查阶段做出与委托人——担保企业利益相违背的行为，因此属于典型经济学道德风险。

## 4.2 双边道德风险模型的基本假设

在尽职调查阶段，业务经理与风控经理出现的道德风险存在两种情况：其一，两者可能会分别接受客户企业的贿赂，发生道德风险；其二，双方可能受共同利益的驱使发生串谋，从而损害担保企业的利益。

需要说明的是，在尽职调查阶段，主要开展工作的人员是业务经理和风控经理。对业务经理和风控经理的影响因素很多，其中，重要影响因素有风险规避度、项目操作难度以及业务能力水平。首先，业务经理和风控经理对风险的态度很大程度决定了各自的行为，越喜欢冒险的工作人员发生道德风险的可能性就越大。其次，由于客户企业项目的差异性，业务经理和风控经理操作项目的难易程度，可间接表明项目操作难度，而项目越难操作，项目风险也越大。最后，业务经理和风控经理的工作能力因人而异，业务能力的强弱在一定程度上说明其对风险把控的能力水平，业务能力弱就可能出现风险把控力度不够，不能全方位把控项目风险，担保企业发生代偿的概率就较大。因此，本章基于双边道德风险模型，着重探讨了风险规避度、项目操作难度及业务能力水平三种因素与最优激励因子的关系。基于以上分析，做出如下假设：

**假设1**：由于业务经理与风控经理的共同努力，为担保企业带来收益。参考代建生等[48]的产出函数形式，将担保企业的担保收入设为：$M(e_1, e_2)=\lambda_1 e_1+\lambda_2 e_2+\varepsilon$ [ 式中，$e_1$ 是业务经理为尽职调查付出的努力；$e_2$ 是风控经理为尽职调查付出的努力；$\lambda_1$ 表示业务经理的产出系数；$\lambda_2$ 表示风控经理的产出系数，产出系数越大，表明其工作能力水平越高，$\lambda_1$、$\lambda_2$ 均大于零；$\varepsilon$ 表示影响总产出的外生随机变量，$\varepsilon \sim N(0, \delta^2)$]。

**假设2**：根据 Holmstrom[66] 的研究，将业务经理和风控经理的努力成本函数分别设为 $C(e_1)=\dfrac{1}{2}k_1 e_1^2$，$C(e_2)=\dfrac{1}{2}k_2 e_2^2$（式中，$k_1$、$k_2$ 分别表示业务经理和风控经理的努力成本系数，努力成本系数越大，表示项目的工作难度越大，完成项目所需要的成本就越高，$k_1$、$k_2$ 均大于零；其他参数含义同假设1）。

**假设3**：担保企业为了激励业务经理和风控经理付出努力，减少担保项目代偿风险，增加担保企业的收益，对其采取不同的激励措施。根据 Holmstrom[66] 的模型，结合担保业务的实际操作，将业务经理的收入表示为：$W_1=\omega_1+\beta_1 M$（式中，$M$ 表示担保企业的担保收入；$\omega_1$ 表示业务经理的固定薪酬；$\beta_1$ 表示担保企业对业务经理的业务提成，即激励因子，且$\beta_1>0$）。风控经理的收入可表示为：$W_2=\omega_2+\beta_2 M$(式中，$M$ 含义同上；$\omega_2$ 表示风控经理的固定薪酬；$\beta_2$ 表示担保企业对风控经理的业务提成)。在担保实践中，为了避免风控经理的收入与担保企业的收入有关，致使其发生道德风险，规定风控经理只享受担保企业发放的薪酬，与担保业务收入不挂钩。但是，如给予风控经理少量比例的提成，则可以对其起到激励作用，故设置了担保企业对风控经理的激励因子 $\beta_2$，结合担保实务，将 $\beta_2$ 的取值范围设置为：$0<\beta_2<\beta_1$。

**假设4**：在尽职调查阶段，业务经理和风控经理可能为了谋取自身利益最大化，接受客户企业的贿赂，也会有风险成本。因此，借鉴了 Hsu.I-Chisch[68] 风险成本的研究成果：$C(\rho,\beta)=\dfrac{\rho\beta^2\sigma^2}{2}$，结合担保企业实际操作，将业务经理和风控经理的风险成本分别设为 $C(\rho_1,\beta_1)=\dfrac{\rho_1\beta_1^2\sigma^2}{2}$、$C(\rho_2,\beta_2)=\dfrac{\rho_2\beta_2^2\sigma^2}{2}$（式中，$\beta_1$、$\beta_2$ 含义同假设2；$\rho_1$、$\rho_2$ 分别表示业务经理和风控经理的风险规避度，且$0\leqslant\rho_1$、$\rho_2\leqslant 1$；$\sigma^2$ 表示影响风险成本因素的方差）。在尽职调查阶段，业务经理与风控经理除了可能独自发生风险之外，两者也可能发生串谋。受到团队道德风险相关文献中成员协作效应的启发，笔者将业务经理与风控经理之间发生的串谋视为一种协同效应，这样业务经理和风控经理双方串谋风险成本表示为：$C(\beta_1,\beta_2)=\dfrac{\rho_1\beta_1^2\sigma^2}{2}\times\dfrac{\rho_2\beta_2^2\sigma^2}{2}$。

## 4.3 模型的构建与求解

在尽职调查环节中，委托人为担保企业，代理人分别为业务经理和风控经理。在信息不对称条件下，委托人需要采取一些激励手段诱导代理人，此时，不仅需要代理人的参与约束，也需要对代理人进行激励相容约束。在信息不对称条件下，担保企业的代偿损失，除了信息对称条件下发生的三种情况，还可能存在一种情况，那就是业务经理与风控经理发生串谋导致的损失。本章只考虑业务经理与风控经理单独发生道德风险及两者串谋导致损失的情况。本章假定业务经理与风控经理串谋导致的代偿损失由双方各自承担，担保企业不承担损失。

信息不对称条件下担保企业的收益函数为：

$$\prod = M - \omega_1 - \omega_2 = \lambda_1 e_1 + \lambda_2 e_2 + \varepsilon - \omega_1 - \omega_2 \tag{4.1}$$

业务经理的收益函数为：

$$\begin{aligned} R_1 &= \omega_1 + \beta_1 M - C(e_1) - C(\rho_1, \beta_1) - C(\beta_1, \beta_2) \\ &= \omega_1 + \beta_1(\lambda_1 e_1 + \lambda_2 e_2 + \varepsilon) - \frac{1}{2}k_1 e_1^2 - \frac{\rho_1 \beta_1^2 \sigma^2}{2} - \frac{\rho_1 \beta_1^2 \sigma^2}{2} \times \frac{\rho_2 \beta_2^2 \sigma^2}{2} \end{aligned} \tag{4.2}$$

风控经理的收益函数为：

$$\begin{aligned} R_2 &= \omega_2 + \beta_2 M - C(e_2) - C(\rho_2, \beta_2) - C(\beta_1, \beta_2) \\ &= \omega_2 + \beta_2(\lambda_1 e_1 + \lambda_2 e_2 + \varepsilon) - \frac{1}{2}k_2 e_2^2 - \frac{\rho_2 \beta_2^2 \sigma^2}{2} - \frac{\rho_1 \beta_1^2 \sigma^2}{2} \times \frac{\rho_2 \beta_2^2 \sigma^2}{2} \end{aligned} \tag{4.3}$$

担保企业的收益效用最大化可表示为：

$$\underset{e_1, e_2, \beta_1, \beta_2}{\text{Max}} \ \lambda_1 e_1 + \lambda_2 e_2 + \varepsilon - \omega_1 - \omega_2 \tag{4.4}$$

$$s.t. \begin{cases} (IRB) \quad \omega_1 + \beta_1(\lambda_1 e_1 + \lambda_2 e_2) - \frac{1}{2}k_1 e_1^2 - \frac{\rho_1 \beta_1^2 \sigma^2}{2} - \frac{\rho_1 \beta_1^2 \sigma^2}{2} \times \frac{\rho_2 \beta_2^2 \sigma^2}{2} \geqslant \bar{B}_2 \\ (IRR) \quad \omega_2 + \beta_2(\lambda_1 e_1 + \lambda_2 e_2) - \frac{1}{2}k_2 e_2^2 - \frac{\rho_2 \beta_2^2 \sigma^2}{2} - \frac{\rho_1 \beta_1^2 \sigma^2}{2} \times \frac{\rho_2 \beta_2^2 \sigma^2}{2} \geqslant \bar{R}_2 \\ (ICB) \quad e_1 \in \arg\max \left\{ \omega_1 + \beta_1(\lambda_1 e_1 + \lambda_2 e_2) - \frac{1}{2}k_1 e_1^2 - \frac{\rho_1 \beta_1^2 \sigma^2}{2} - \frac{\rho_1 \beta_1^2 \sigma^2}{2} \times \frac{\rho_2 \beta_2^2 \sigma^2}{2} \right\} \\ (ICR) \quad e_2 \in \arg\max \left\{ \omega_2 + \beta_2(\lambda_1 e_1 + \lambda_2 e_2) - \frac{1}{2}k_2 e_2^2 - \frac{\rho_2 \beta_2^2 \sigma^2}{2} - \frac{\rho_1 \beta_1^2 \sigma^2}{2} \times \frac{\rho_2 \beta_2^2 \sigma^2}{2} \right\} \end{cases} \tag{4.5}$$

式中，*IRB* 与 *IRR* 分别表示信息不对称条件下业务经理与风控经理的参与约束，即业务经理与风控经理的最低利润要求；$\overline{B}_2$ 与 $\overline{R}_2$ 分别表示信息不对称条件下业务经理和风控经理的保留效用。为了保证委托人的收益最大化，其给代理人支付的费用只需与代理人的保留效用相同，即参与约束方程 *IRB*、*IRR* 取等式。

因此，可得到：

$$\omega_1 = \bar{B}_2 - \beta_1(\lambda_1 e_1 + \lambda_2 e_2) + \frac{1}{2}k_1 e_1^2 + \frac{\rho_1 \beta_1^2 \sigma^2}{2} + \frac{\rho_1 \beta_1^2 \sigma^2}{2} \times \frac{\rho_2 \beta_2^2 \sigma^2}{2} \tag{4.6}$$

$$\omega_2 = \bar{R}_2 - \beta_2(\lambda_1 e_1 + \lambda_2 e_2) + \frac{1}{2}k_2 e_2^2 + \frac{\rho_2 \beta_2^2 \sigma^2}{2} + \frac{\rho_1 \beta_1^2 \sigma^2}{2} \times \frac{\rho_2 \beta_2^2 \sigma^2}{2} \tag{4.7}$$

式(4.5)中 $ICB$ 与 $ICR$ 分别表示信息不对称条件下业务经理与风控经理的激励相容约束，在激励机制下，委托人想要用激励的方式来诱导代理人做出效用最大的行动，实现自身收益最大。解激励相容约束式，可得：

$$e_1^* = \frac{\beta_1 \lambda_1}{k_1} \tag{4.8}$$

$$e_2^* = \frac{\beta_2 \lambda_2}{k_2} \tag{4.9}$$

将式(4.6)、式(4.7)、式(4.8)、式(4.9)代入式(4.4)中得到等价委托人最优化表达式：

$$\max_{e_1, e_2, \beta_1, \beta_2} (1 + \beta_1 + \beta_2)\left(\frac{\beta_1 \lambda_1^2}{k_1} + \frac{\beta_2 \lambda_2^2}{k_2}\right) - \bar{B}_2 - \bar{R}_2 - \frac{1}{2}k_1\left(\frac{\beta_1 \lambda_1}{k_1}\right)^2 - \frac{\rho_1 \beta_1^2 \sigma^2}{2} - \frac{1}{2}k_2\left(\frac{\beta_2 \lambda_2}{k_2}\right)^2 - \frac{\rho_2 \beta_2^2 \sigma^2}{2} - 2 \times \frac{\rho_1 \beta_1^2 \sigma^2}{2} \times \frac{\rho_2 \beta_2^2 \sigma^2}{2} \tag{4.10}$$

分别对式(4.10)中 $\beta_1$、$\beta_2$ 求导，得到：

$$\frac{\partial \Pi}{\partial \beta_1} = (1 + \beta_1 + \beta_2)\frac{\lambda_1^2}{k_1} + \frac{\beta_2 \lambda_2^2}{k_2} - \rho_1 \beta_1 \sigma^2 - \rho_1 \beta_1 \sigma^2 \times \rho_2 \beta_2^2 \sigma^2 \tag{4.11}$$

$$\frac{\partial \Pi}{\partial \beta_2} = (1 + \beta_1 + \beta_2)\frac{\lambda_2^2}{k_2} + \frac{\beta_1 \lambda_1^2}{k_1} - \rho_2 \beta_2 \sigma^2 - \rho_1 \beta_1^2 \sigma^2 \times \rho_2 \beta_2 \sigma^2 \tag{4.12}$$

令 $\frac{\partial \Pi}{\partial \beta_1} = 0$、$\frac{\partial \Pi}{\partial \beta_2} = 0$，解得：

$$\begin{cases} (1 + \beta_1 + \beta_2)\dfrac{\lambda_1^2}{k_1} + \dfrac{\beta_2 \lambda_2^2}{k_2} - \rho_1 \beta_1 \sigma^2 - \rho_1 \beta_1 \sigma^2 \times \rho_2 \beta_2^2 \sigma^2 = 0 \\ (1 + \beta_1 + \beta_2)\dfrac{\lambda_2^2}{k_2} + \dfrac{\beta_1 \lambda_1^2}{k_1} - \rho_2 \beta_2 \sigma^2 - \rho_1 \beta_1^2 \sigma^2 \times \rho_2 \beta_2 \sigma^2 = 0 \end{cases}$$

$$f_1(\beta_1,\beta_2)=\rho_1\rho_2\sigma^4\beta_2^2\beta_1-\beta_2\left(\frac{\lambda_1^2}{k_1}+\frac{\lambda_2^2}{k_2}\right)+\beta_1\left(\rho_1\sigma^2-\frac{\lambda_1^2}{k_1}\right)-\frac{\lambda_1^2}{k_1} \tag{4.13}$$

$$f_2(\beta_1,\beta_2)=\rho_1\rho_2\sigma^4\beta_1^2\beta_2-\beta_1\left(\frac{\lambda_1^2}{k_1}+\frac{\lambda_2^2}{k_2}\right)+\beta_2\left(\rho_2\sigma^2-\frac{\lambda_2^2}{k_2}\right)-\frac{\lambda_2^2}{k_2} \tag{4.14}$$

从式(4.13)和式(4.14)可知，难以求出激励因子 $\beta_1$ 和 $\beta_2$ 的解，故考虑运用数值仿真来分析研究参数与最优激励因子之间的关系。

## 4.4　模型的数值仿真

为便于研究式(4.13)和式(4.14)中各个研究参数与最优激励因子之间的关系，本章运用 Matlab 2017b 进行数值仿真。据对担保业内调研了解，业务经理和风控经理的产出系数、努力成本系数以及风险规避度是六个重要影响因素。根据上文假设和担保实践经验决定各参数的取值范围，如表4.1所示。当研究一个参数时，把其它参数取表4.1中合理值，从而将其影响固化。

表4.1　研究参数的取值表

| 主要参数 | 定义 | 假设中参数的取值范围 | 合理取值 | 主要参数 | 定义 | 假设中参数的取值范围 | 合理取值 |
|---|---|---|---|---|---|---|---|
| $\lambda_1$ | 业务经理的产出系数 | $\lambda_1 \geqslant 0$ | 3 | $\lambda_2$ | 风控经理的产出系数 | $\lambda_2 \geqslant 0$ | 1 |
| $k_1$ | 业务经理的努力成本系数 | $0 < k_1 < 1$ | 0.6 | $k_2$ | 风控经理的努力成本系数 | $0 < k_2 < 1$ | 0.4 |
| $\rho_1$ | 业务经理的风险规避度 | $0 \leqslant \rho_1 \leqslant 1$ | 0.3 | $\rho_2$ | 风控经理的风险规避度 | $0 \leqslant \rho_2 \leqslant 1$ | 0.7 |
| $\sigma^2$ | 影响风险成本的因素方差 | $\sigma^2 > 0$ | 50 | | | | |

根据担保业务的实际操作，对表4.1中研究参数的合理取值做以下解释：在担保业务的实操过程中，业务经理对于担保企业收益的影响程度大于风控经理，不妨将 $\lambda_1$ 取值为30，$\lambda_2$ 取值为10。一般而言，风控经理的工作能力强于业务经理，故业务经理的努力成本系数取值大于风控经理，不妨将 $k_1$ 取值为

0.6，$k_2$ 取值为0.4。在实际的担保业务操作过程中，业务经理是风险偏好的，而风控经理是风险中性甚至是风险保守的，不妨将 $\rho_1$ 取值为0.3，$\rho_2$ 取值为0.7。

### 4.4.1 业务经理和风控经理的风险规避度与最优激励因子关系的仿真

图4.1中两个分图分别将业务经理风险规避度 $\rho_1$、风控经理风险规避度 $\rho_2$ 设为 $x$ 轴，将业务经理激励因子 $\beta_1$、风控经理激励因子 $\beta_2$ 设为 $y$ 轴，并在两个图中将激励因子分0.2、0.5、0.8三种不同情况考虑。

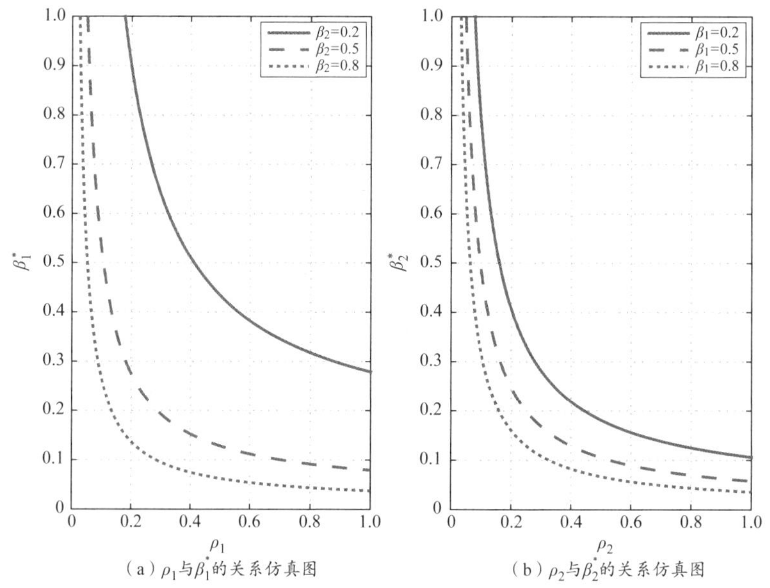

（a）$\rho_1$与$\beta_1^*$的关系仿真图　　（b）$\rho_2$与$\beta_2^*$的关系仿真图

图4.1　风险规避度与最优激励因子关系

由图4.1可知：

(1)当业务经理的风险规避度 $\rho_1$ 增大时，担保企业对业务经理的正激励 $\beta_1$ 逐渐减小；当风控经理的风险规避度 $\rho_2$ 增大时，担保企业对风控经理的正激励 $\beta_2$ 也逐渐减小。

(2)当业务经理对风险持有某一种态度时，担保企业如果提高对风控经理的正激励因子 $\beta_2$，那么其对业务经理的正激励因子 $\beta_1$ 应降低；反之，当风控经理对风险持有某一种态度时，担保企业如果提高对业务经理的激励强度，那么其对风控经理的激励强度也应降低。

(3) 对比图4.1（a）和图4.1（b）可知，无论业务经理与风控经理的激励因子 $\beta_1$ 和 $\beta_2$ 怎样变化，担保企业对业务经理的正激励强度都大于对风控经理的正激励强度。

从业务经理和风控经理规避风险的视角出发，对以上三种情况分别做出如下解释：

(1) 针对第一种情况，风险规避度越高表示越不愿意冒风险。故担保企业不必过分地激励去引导其规避道德风险，因此，担保企业对其激励强度应减小。

(2) 针对第二种情况，如果同时加大对业务经理和风控经理的激励强度，既不利于担保风险的控制，又增加了担保企业的成本。因此，在增大其中一方的激励强度时，对另一方的激励强度应适当减小。

(3) 针对第三种情况，在担保实务中，业务经理是担保企业收入的主要创收者，对其激励强度应大于对风控经理的激励强度。

### 4.4.2　业务经理和风控经理的努力成本系数与最优激励因子关系的仿真

努力成本系数表示业务经理和风控经理操作项目的难度。图4.2中分别将业务经理努力成本系数 $k_1$、风控经理努力成本系数 $k_2$ 设为 $x$ 轴，将业务经理激励因子 $\beta_1$、风控经理激励因子 $\beta_2$ 设为 $y$ 轴，并将激励因子在两个分图中分0.2、0.5、0.8三种不同情况考虑。

由图4.2可知：

(1) 随着业务经理努力成本系数 $k_1$ 的增大，担保企业对业务经理的正激励应减小；随着风控经理努力成本系数 $k_2$ 的增大，担保企业对风控经理的正激励也应减小。

(2) 若业务经理的努力成本系数 $k_1$ 不发生改变，当担保企业对风控经理的正激励因子 $\beta_2$ 增大时，对业务经理的正激励因子 $\beta_1$ 应减小。同样，当风控经理的努力成本系数 $k_2$ 不变时，若担保企业提高对业务经理的正激励因子 $\beta_1$，则对风控经理的正激励因子 $\beta_2$ 应降低。

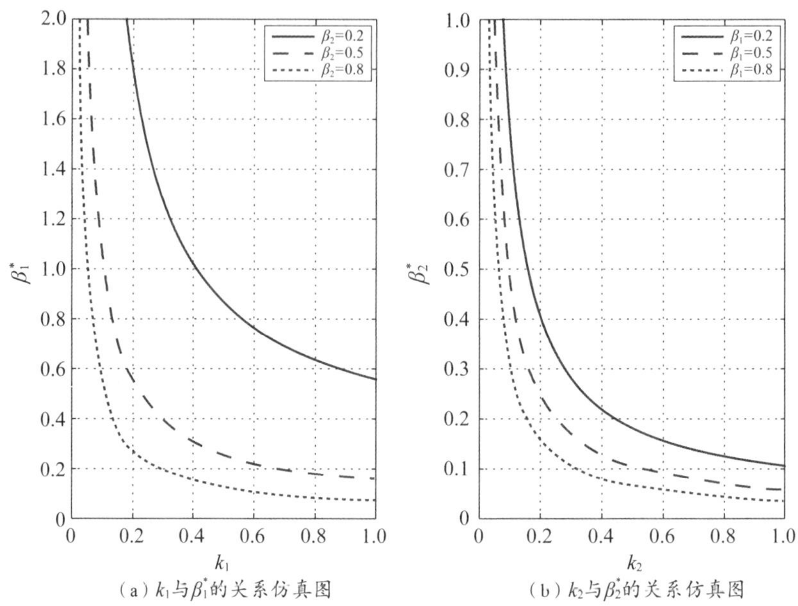

（a）$k_1$与$\beta_1^*$的关系仿真图　（b）$k_2$与$\beta_2^*$的关系仿真图

**图4.2　努力成本系数与最优激励因子关系**

⑶对比图4.2（a）和图4.2（b）可知，无论业务经理与风控经理的激励因子 $\beta_1$ 和 $\beta_2$ 怎样变化，担保企业对业务经理的正激励强度始终大于对风控经理的正激励强度。

从担保项目操作难度的视角考虑，对以上三种情况分别做出如下解释：

⑴针对第一种情况，业务经理和风控经理的努力成本系数越大，说明项目的难度就越大。担保企业为了较好地控制风险，不会让业务经理或风控经理承担超出自身能力水平的担保项目，因此，担保企业就会降低激励强度。

⑵针对第二种情况，从节省担保企业人工成本的角度考虑，加大一方的激励强度时，应适当减小对另一方的激励强度。

⑶针对第三种情况，担保企业对业务经理的正激励强度大于对风控经理的正激励强度，因为在担保实务中，将风控经理的收益不与担保收益过多挂钩，可防止风控经理放松评审标准。

### 4.4.3　业务经理和风控经理的产出系数与最优激励因子关系的仿真

业务经理和风控经理的产出系数表明了其工作能力水平。图4.3中分别将业务经理的产出系数 $\lambda_1$、风控经理的产出系数 $\lambda_2$ 设为 $x$ 轴，将业务经理的激励因子 $\beta_1$、风控经理的激励因子 $\beta_2$ 设为 $y$ 轴，并将激励因子在两个分图中分0.2、0.5、0.8三种不同情况考虑。

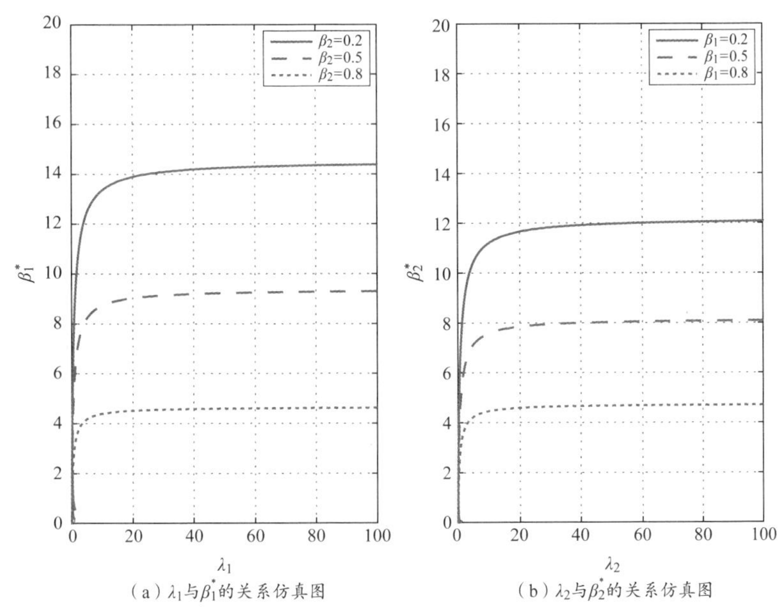

（a）$\lambda_1$与$\beta_1^*$的关系仿真图　　（b）$\lambda_2$与$\beta_2^*$的关系仿真图

图4.3　产出系数与最优激励因子关系

由图4.3可知：

(1) 担保企业对业务经理或风控经理的激励因子 $\beta_1$ 和 $\beta_2$ 会随其自身产出系数 $\lambda_1$ 和 $\lambda_2$ 的增大而提高。

(2) 当业务经理的产出系数 $\lambda_1$ 不发生变化时，随着风控经理激励因子 $\beta_2$ 的增大，担保企业对业务经理的激励因子 $\beta_1$ 应提高。同样，当风控经理的产出系数 $\lambda_2$ 不发生变化时，随着业务经理激励因子 $\beta_1$ 的增大，担保企业对风控经理的激励因子 $\beta_2$ 也应提高。

(3) 对比图4.3（a）和图4.3（b）可知，无论业务经理与风控经理的激励因

子 $\beta_1$ 和 $\beta_2$ 怎样变化，担保企业对业务经理的激励强度始终大于对风控经理的激励强度。

从担保企业收益的视角考虑，对以上三种情况解释如下：

(1) 针对第一种情况，产出系数越大，就表明其工作能力水平越高，从担保企业收益最大化的角度考虑，可以增加对业务经理或风控经理的正激励强度，促使其发挥出自身最佳的工作能力，为担保企业创造更多的收益。

(2) 针对第二种情况，基于上一条的解释，为了使担保企业的业务收益和风险控制达到系统最优，当增加业务经理或风控经理某一方的激励强度时，另一方的激励强度也应增加。

(3) 针对第三种情况，为了使得担保收益不与风控经理的收益过多挂钩，以免风控经理放松评审标准，担保企业对风控经理的激励强度不宜过高。

## 4.5 模型的稳定性分析

本章考察业务经理和风控经理的风险规避度、努力成本系数(操作项目难度)、产出系数(工作能力水平)六个研究参数的变动对式(4.13)、式(4.14)的影响。现将这六个研究参数分别变动 ±5%、±10%、±15%。当其中一个研究参数变动时，假定其他研究参数保持不变。本章采用了计算较简便的局部敏感度分析法 [70]。研究参数敏感性系数 =| 目标函数的变动百分比 / 研究参数的变动百分比 |= $\left|\dfrac{\Delta f / f}{\Delta x / x}\right|$ (式中，$x$ 为研究参数，$f$ 为目标函数)。

根据表4.2的敏感性分析可知，当参数单独变动 ±5%、±10%、±15% 时，激励模型式(4.13)中各参数变动范围为1.1‰ ~ 9.1‰，激励模型式(4.14)的变动范围为0.9‰ ~ 8.9‰，均小于1%。由以上可知，激励模型式(4.13)和式(4.14)具有理想的稳定性。

表4.2　研究参数敏感性参数表

| 研究参数 | −15% | −10% | −5% | 5% | 10% | 15% |
| --- | --- | --- | --- | --- | --- | --- |
| 激励模型式（4.13）的研究参数 | | | | | | |
| $\rho_1$ | 0.008 5 | 0.008 3 | 0.008 1 | 0.007 7 | 0.007 5 | 0.007 4 |
| $\rho_2$ | 0.001 2 | 0.001 2 | 0.001 2 | 0.001 2 | 0.001 2 | 0.001 2 |
| $\lambda_1$ | 0.009 1 | 0.009 1 | 0.009 1 | 0.009 1 | 0.009 1 | 0.009 1 |
| $\lambda_2$ | 0.005 1 | 0.005 1 | 0.005 1 | 0.005 1 | 0.005 1 | 0.005 1 |
| $k_1$ | 0.001 7 | 0.001 6 | 0.001 5 | 0.001 3 | 0.001 2 | 0.001 1 |
| $k_2$ | 0.002 0 | 0.001 8 | 0.001 7 | 0.001 4 | 0.001 3 | 0.001 2 |
| 激励模型式（4.14）的研究参数 | | | | | | |
| $\rho_1$ | 0.001 4 | 0.001 3 | 0.001 3 | 0.001 2 | 0.001 2 | 0.001 2 |
| $\rho_2$ | 0.004 3 | 0.004 2 | 0.004 1 | 0.003 9 | 0.003 8 | 0.003 7 |
| $\lambda_1$ | 0.002 7 | 0.002 7 | 0.002 7 | 0.002 7 | 0.002 7 | 0.002 7 |
| $\lambda_2$ | 0.001 4 | 0.001 4 | 0.001 4 | 0.001 4 | 0.001 4 | 0.001 4 |
| $k_1$ | 0.001 5 | 0.001 4 | 0.001 3 | 0.001 1 | 0.001 0 | 0.000 9 |
| $k_2$ | 0.008 9 | 0.008 2 | 0.007 5 | 0.006 5 | 0.006 0 | 0.005 6 |

## 4.6　研究结论

(1) 担保经理和风控经理的风险规避度与最优激励因子的关系。当业务经理或风控经理的风险规避度增加时，担保企业对其正激励强度逐渐减小。当业务经理对风险持某一态度时，担保企业如果增加对风控经理的正激励强度，那么对业务经理的正激励强度应减小；反之，当风控经理对风险持某一态度时，担保企业如果增加对业务经理的正激励强度，那么对风控经理的正激励强度应减小。

(2) 担保业务操作项目的难易程度与最优激励因子的关系。当业务经理或风控经理操作担保项目的难度增加时，担保企业对其正激励强度应减小。若两者操作项目的难度相当，担保企业增加其中一方的正激励强度，则对另一方的正激励强度应减小。

(3)担保经理和风控经理的工作能力水平与最优激励因子的关系。当业务经理或风控经理的工作能力提升时，担保企业对其正激励强度应增加。对于相同工作能力水平的业务经理和风控经理而言，担保企业增加其中一方的正激励强度，对另一方的正激励强度也应增加。

# 第 5 章　基于两阶段多任务道德风险模型的担保业务经理激励机制

客户企业的担保项目被担保企业承保后，客户企业的信用等级提高了，就可以从银行借到贷款，担保业务也就进入了保后监管阶段。多数业务经理在对承保项目进行保后监管的同时，就开始了对新的担保业务的尽职调查。这样，业务经理在尽职调查阶段既要开展新业务又要控制已承保业务风险，同时还要对保后监管阶段的担保业务进行风险监管，而这就是本章要探讨的业务经理的两阶段多任务道德风险问题。

复合式多阶段多任务的道德风险问题是道德风险的新研究方向之一，但是在多阶段情境下多任务及其相互间关系会对激励契约产生什么影响，仍是一个值得探究的研究课题。本章在充分考虑担保业务经理操作业务特点的基础上，运用激励理论和最优化理论与算法，构建了担保业务经理的两阶段三任务道德风险模型，运用 Matlab 2017b 软件仿真技术揭示了在尽职调查阶段，业务经理开展业务时的业务能力和风控能力系数、在保后监管阶段的风控能力系数、两阶段间努力水平影响程度、尽职调查阶段兼顾两任务难度这几个主要研究参数与最优激励因子间的变化规律。

## 5.1 业务经理两阶段三任务道德风险的问题描述

担保业务的两阶段是业务尽职调查和保后监管阶段，多任务是指在尽职调查阶段既要开展业务又要控制风险，且在保后监管阶段还需进行风险控制工作。因此，业务经理要面对两类问题：第一类，业务经理在尽职调查和保后监管两阶段的努力分配不当而导致的风险，也就是说，如果业务经理在尽职调查阶段投入的努力不足，在保后监管阶段必然要投入更多的努力对项目进行监管，防控承保业务出现代偿风险。如果业务经理在尽职调查阶段投入的努力过多，对同时处于保后监管阶段的承保项目的监管力量就会不足，导致对项目的保后监管不到位，此时客户企业经营境况如发生恶化，就难以及时察觉，最终导致代偿风险。第二类，业务经理需要在尽职调查阶段兼顾业务开展和风险控制。具体言之，业务经理在尽职调查阶段过于严格地把控承保标准，可能会导致项目的通过率偏低，进而影响担保企业的收益水平。如果业务经理一味推进业务开展，而忽略了项目隐含的风险，就可能导致担保企业发生代偿的概率增大。因此，业务经理积极开展担保业务与进行必要的风险控制都很重要，必须两者都要兼顾。

根据绪论部分的经济学道德风险的定义，本章研究的问题中业务经理在与担保企业签订聘用契约后操作业务，业务经理在两阶段多任务中可能会隐藏自己的信息或行为，在担保业务尽职调查阶段和保后监管阶段做出与委托人——担保企业的利益相违背的行为，因此属于典型经济学道德风险。

## 5.2 两阶段多任务道德风险模型的基本假设

在担保业务操作过程中，对业务经理起重要作用的因素如下：尽职调查阶段的业务开展和风险控制能力及这两项任务的兼顾难度，保后监管阶段的风险控制能力，两阶段努力影响程度。具体而言，首先，在尽职调查阶段，业务经理在尽职调查阶段涉及业务开展能力和风险控制能力，在保后监管阶段仅涉及风险控制能力，这三种能力存在差异性，而且业务经理出于自身利益最大化的考虑，会将更多的精力放在尽职调查阶段的业务开展上。其次，业务经理在尽职调查阶段既要开展新业务又要控制已承保业务的风险，若过分强调业务开展会导致发生代偿的可能性增大；如过分强调风险控制，把关过严，就会导致担保企业收益减少，而商业性融资担保企业如果没有一定收益，势必影响其在市场上生存。既要做到顺利开展业务，又要较好地控制风险，是非常难的。最后，尽职调查和保后监管两阶段努力水平之间的影响程度，也关系到业务经理对不同阶段投入的努力，业务经理可能会受利益驱使更关注尽职调查，而忽略保后监管，这容易导致担保项目在保后监管阶段出现风险代偿。基于以上这些重要影响因素的分析，提出如下假设：

**假设 1**：根据担保业务实践，业务经理在尽职调查阶段对每项担保业务都有开展业务和控制风险两个任务，且它们间是存在关联性。但业务经理在保后监管阶段只需控制风险，没有开展业务的任务。本章设想将 Cobb-Douglas 生产函数 [71]$B(e_1, e_2)=Ae_1^pe_2^q$（式中，$e_1$、$e_2$ 分别表示在尽职调查阶段业务经理对风险控制和业务开展任务投入的努力水平，$A$ 为产出影响系数，$p$、$q$ 分别表示两项任务的相对重要性）与 Jarque[65] 的多阶段模型$S_t=\sum_{\tau=1}^{t}\rho^{t-\tau}e_\tau$相结合（式中，$t$ 为第 $t$ 期，$\tau$ 为第 $\tau$ 期，$\rho$ 为努力影响因子，$e_\tau$ 为第 $\tau$ 期努力），构建两阶段多任务收入函数模型。对业务经理而言，业务开展和风险控制两项任务同等重要，为了简化模型，将 $A$、$p$、$q$ 均取值为 1。这样，业务经理在尽职调查阶段的产出函数表示为：$\Pi_1=r_1e_1r_2e_2+\theta$（式中，$r_1$、$r_2$ 分别表示业务经理在尽职调查阶段的风险控制能力系数和业务开展能力系数），保后监管阶段的产出函数表示为：$\Pi_2=[\lambda(r_1e_1+r_2e_2)+r_3e_3]+\theta$（式中，保后监管阶段，业务经理只有风险控制任务，$e_3$ 表示其在保后监管阶段风险控制的努力水平；$r_3$ 表示业务经理保后监管阶段的风险控制能力系数，且 $r_1$、$r_2$、$r_3$ 均处于 0 和 1 之间；$\lambda$ 指业务经理尽职调查阶段投入的努力对保后监管阶段产生的影响，$0 \leqslant \lambda \leqslant 1$；$\theta$ 表示影响总产出的外生随机变量）。综合以上分析，业务经理为担保企业创造的总收益可表示为：$M(e_1, e_2, e_3) = \prod_1 + \prod_2 = r_1 e_1 r_2 e_2 + [\lambda(r_1 e_1 + r_2 e_2) + r_3 e_3] + \theta$。

**假设2**：根据金永红[72]对努力成本不同阶段的研究成果：$C(a_t) = \frac{1}{2} m a_t^2$ $(t=1, 2)$（式中，$m$ 为努力影响因子，$a_t$ 为努力，$t$ 为阶段），同时借鉴柳瑞禹[73]对多任务成本函数的表达式：$C(n_1, n_2) = \frac{n_1^2 + n_2^2 + r n_1 n_2}{2}$（式中，$n_1$ 和 $n_2$ 为努力，$r$ 为两任务兼顾度），本章将两者有机结合，构建了业务经理两阶段多任务的努力成本：$C(e_1, e_2, e_3) = \frac{1}{2} e_1^2 + \frac{1}{2} e_2^2 + \mu e_1 e_2 + \frac{1}{2}[\lambda(e_1 + e_2) + e_3]^2$（式中，$\mu$ 是业务经理在尽职调查阶段开展业务和风险控制两任务的兼顾难度，$\mu$ 的取值范围设置为 $0 \leqslant \mu \leqslant 1$；其他参数含义同假设1）。

**假设3**：国内外有关报酬函数多采取Holmstrom[66]的激励线性形式，本章据此构建了两阶段多任务报酬函数：$W = \alpha + \beta M = \alpha + \beta_1 r_1 e_1 r_2 e_2 + \beta_2 [\lambda(r_1 e_1 + r_2 e_2) + r_3 e_3]$（式中，$\alpha$ 表示业务经理的固定薪酬；$\beta_1$ 表示在尽职调查阶段，担保企业对业务经理的激励因子；$\beta_2$ 表示在保后监管阶段，担保企业对业务经理的激励因子，且 $\beta_1$、$\beta_2$ 处于0和1之间；其他参数含义同假设1）。

**假设4**：业务经理可能会为了获取更高的利益，出现损害担保企业收益的道德风险行为。本章将这种损失定义为担保企业的风险成本。借鉴Hsu.I-Chisch[68]的风险成本函数形式 $C(\rho, \beta) = \frac{\rho \beta^2 \sigma^2}{2}$，将业务经理的风险成本函数表示为 $C(\rho, \beta_1, \beta_1) = \frac{\rho(\beta_1^{\ 2} + \beta_2^{\ 2})\sigma^2}{2}$（式中，$\rho$ 表示业务经理的风险规避度，$0 \leqslant \rho \leqslant 1$；$\sigma^2$ 表示影响风险成本的不确定因素的方差）。

## 5.3 模型的构建与求解

在本章研究中，委托人是担保企业，代理人是担保业务经理。两者在担保实践中信息不对称，担保企业不了解业务经理的真实操作业务情况，业务经理的努力水平是私人信息，因此，业务经理拥有信息优势。业务经理如仅考虑自身期望效用最大化，就容易发生道德风险。担保企业不仅需要甄别业务经理开展业务和控制风险的能力，还需要承担不能观察到的业务经理努力给担保企业带来的道德风险。因此，在信息不对称条件下，不仅需要参与约束，还需要激励相容约束。在信息不对称条件下，本章假定业务经理发生的道德风险并未给担保企业造成实质性的损失，也就是不考虑代偿损失实际发生的情况。

担保企业的收益函数可表示为：

$$\begin{aligned} R &= M - (\alpha + \beta M) \\ &= r_1 e_1 r_2 e_2 + \left[\lambda(r_1 e_1 + r_2 e_2) + r_3 e_3\right] + \theta - \alpha - \beta_1 r_1 e_1 r_2 e_2 - \beta_2\left[\lambda(r_1 e_1 + r_2 e_2) + r_3 e_3\right] \end{aligned} \tag{5.1}$$

业务经理的收益函数可表示为：

$$\begin{aligned} R_B &= \alpha + \beta M - C(e_1, e_2, e_3) - C(\rho, \beta_1, \beta_1) \\ &= \alpha + \beta_1 r_1 e_1 r_2 e_2 + \beta_2\left[\lambda(r_1 e_1 + r_2 e_2) + r_3 e_3\right] - \frac{1}{2}e_1^2 - \frac{1}{2}e_2^2 - \mu e_1 e_2 - \\ &\quad \frac{1}{2}[\lambda(e_1 + e_2) + e_3]^2 - \frac{\rho(\beta_1^{\ 2} + \beta_2^{\ 2})\sigma^2}{2} \end{aligned} \tag{5.2}$$

担保企业和业务经理的委托代理问题可表示为最优化问题：

$$\underset{e_1, e_2, e_3, \beta_1, \beta_2}{\text{Max}}\ r_1 e_1 r_2 e_2 + \left[\lambda(r_1 e_1 + r_2 e_2) + r_3 e_3\right] + \theta - \alpha - \beta_1 r_1 e_1 r_2 e_2 - \beta_2\left[\lambda(r_1 e_1 + r_2 e_2) + r_3 e_3\right] \tag{5.3}$$

$$\text{s.t.}\begin{cases} (IR) \quad \alpha + \beta_1 r_1 e_1 r_2 e_2 + \beta_2\left[\lambda(r_1 e_1 + r_2 e_2) + r_3 e_3\right] - \frac{1}{2}e_1^2 - \frac{1}{2}e_2^2 - \mu e_1 e_2 - \\ \qquad \frac{1}{2}\left[\lambda(e_1 + e_2) + e_3\right]^2 - \frac{\rho(\beta_1^{\ 2} + \beta_2^{\ 2})\sigma^2}{2} \geqslant \overline{R} & (5.4) \\ (IC) \quad e_1, e_2, e_3 \in \arg\max \alpha + \beta_1 r_1 e_1 r_2 e_2 + \beta_2\left[\lambda(r_1 e_1 + r_2 e_2) + r_3 e_3\right] - \frac{1}{2}e_1^2 - \\ \qquad \frac{1}{2}e_2^2 - \mu e_1 e_2 - \frac{1}{2}\left[\lambda(e_1 + e_2) + e_3\right]^2 - \frac{\rho(\beta_1^{\ 2} + \beta_2^{\ 2})\sigma^2}{2} & (5.5) \end{cases}$$

式(5.4)中 $IR$ 表示信息不对称条件下业务经理的参与约束，$\overline{R}$ 表示业务经理的保留效用。在保证担保企业最优收益的情况下，担保企业只需要支付给业务经理与其保留效用相等的收益即可。因此，参与约束取等式成立，可得到：

$$\alpha=\overline{R}-\beta_1 r_1 e_1 r_2 e_2-\beta_2\left[\lambda(r_1 e_1+r_2 e_2)+r_3 e_3\right]+\tfrac{1}{2}e_1^2+\tfrac{1}{2}e_2^2+\mu e_1 e_2+\tfrac{1}{2}[\lambda(e_1+e_2)+e_3]^2+\frac{\rho(\beta_1{}^2+\beta_2{}^2)\sigma^2}{2} \tag{5.6}$$

式(5.5)中 IC 表示在信息不对称条件下业务经理的激励相容约束。在激励相容的情况下，担保企业希望实现的行动都只能通过业务经理效用最大化的行动实现。求解激励相容约束（$IC$），得到业务经理在尽职调查和保后监管两阶段三任务的最优努力水平分别为：

$$e_1=\frac{\lambda\beta_2\left[(r_3-r_1)-(\beta_1 r_1 r_2-\mu)(r_2-r_3)\right]}{(\beta_1 r_1 r_2-\mu)^2-1} \tag{5.7}$$

$$e_2=\frac{\lambda\beta_2\left[(r_3-r_1)(\beta_1 r_1 r_2-\mu)+(r_3-r_2)\right]}{(\beta_1 r_1 r_2-\mu)^2-1} \tag{5.8}$$

$$e_3=\beta_2 r_3-\frac{\lambda^2\beta_2(2r_3-r_1-r_2)}{\beta_1 r_1 r_2-\mu-1} \tag{5.9}$$

将式(5.6)、式(5.7)、式(5.8)、式(5.9)代入式(5.3)中得到担保企业收益最优化表达式：

$$\underset{\beta_1,\beta_2}{\mathrm{Max}}\ r_1 e_1 r_2 e_2+\left[\lambda(r_1 e_1+r_2 e_2)+r_3 e_3\right]-\overline{R}-\frac{1}{2}(e_1)^2-\frac{1}{2}(e_2)^2-\mu e_1 e_2-\frac{1}{2}\left[\lambda(e_1+e_2)+e_3\right]^2-\frac{\rho(\beta_1{}^2+\beta_2{}^2)\sigma^2}{2} \tag{5.10}$$

分别对式(5.10)中的 $\beta_1$、$\beta_2$ 求导，得到：

$$\frac{\partial R}{\partial\beta_1}=r_1 r_2 e_2\frac{\partial e_1}{\partial\beta_1}+r_1 e_1 r_2\frac{\partial e_2}{\partial\beta_1}+\lambda r_1\frac{\partial e_1}{\partial\beta_1}+\lambda r_2\frac{\partial e_2}{\partial\beta_1}+r_3\frac{\partial e_3}{\partial\beta_1}-e_1\frac{\partial e_1}{\partial\beta_1}-e_2\frac{\partial e_2}{\partial\beta_1}-\mu e_2\frac{\partial e_1}{\partial\beta_1}-\mu e_1\frac{\partial e_2}{\partial\beta_1}-\left[\lambda\left(e_1+e_2\right)+e_3\right]\left(\lambda\frac{\partial e_1}{\partial\beta_1}+\lambda\frac{\partial e_2}{\partial\beta_1}+\frac{\partial e_3}{\partial\beta_1}\right)-\rho\beta_1\sigma^2$$

$$=\frac{\partial e_1}{\partial\beta_1}\left[e_2\left(r_1 r_2-\mu-\lambda^2\right)-e_1\left(1+\lambda^2\right)-\lambda e_3+\lambda r_1\right]+\frac{\partial e_2}{\partial\beta_1}\left[e_1\left(r_1 r_2-\mu-\lambda^2\right)-\right.$$

$$\left(1+\lambda^{2}\right)e_{2}-\lambda e_{3}+\lambda r_{2}\Big]+\frac{\partial e_{3}}{\partial \beta_{1}}\left(r_{3}-\lambda e_{1}-\lambda e_{2}-e_{3}\right)-\rho\beta_{1}\sigma^{2} \tag{5.11}$$

$$\begin{aligned}\frac{\partial R}{\partial \beta_{2}}=&r_{1}r_{2}e_{2}\frac{\partial e_{1}}{\partial \beta_{2}}+r_{1}e_{1}r_{2}\frac{\partial e_{2}}{\partial \beta_{2}}+\lambda r_{1}\frac{\partial e_{1}}{\partial \beta_{2}}+\lambda r_{2}\frac{\partial e_{2}}{\partial \beta_{2}}+r_{3}\frac{\partial e_{3}}{\partial \beta_{2}}-e_{1}\frac{\partial e_{1}}{\partial \beta_{2}}-e_{2}\frac{\partial e_{2}}{\partial \beta_{2}}-\\&\mu e_{2}\frac{\partial e_{1}}{\partial \beta_{2}}-\mu e_{1}\frac{\partial e_{2}}{\partial \beta_{2}}-\left[\lambda(e_{1}+e_{2})+e_{3}\right]\left[\lambda\frac{\partial e_{1}}{\partial \beta_{2}}+\lambda\frac{\partial e_{2}}{\partial \beta_{2}}+\frac{\partial e_{3}}{\partial \beta_{2}}\right]-\rho\beta_{2}\sigma^{2}\\=&\frac{\partial e_{1}}{\partial \beta_{2}}\left[e_{2}(r_{1}r_{2}-\mu-\lambda^{2})-e_{1}(1+\lambda^{2})-\lambda e_{3}+\lambda r_{1}\right]+\frac{\partial e_{2}}{\partial \beta_{2}}\Big[e_{1}(r_{1}r_{2}-\mu-\lambda^{2})-\\&(1+\lambda^{2})e_{2}-\lambda e_{3}+\lambda r_{2}\Big]+\frac{\partial e_{3}}{\partial \beta_{2}}\left(r_{3}-\lambda e_{1}-\lambda e_{2}-e_{3}\right)-\rho\beta_{2}\sigma^{2}\end{aligned} \tag{5.12}$$

令 $\frac{\partial R}{\partial \beta_{1}}=0$，$\frac{\partial R}{\partial \beta_{2}}=0$，解得如下：

$$\begin{cases}\frac{\partial e_{1}}{\partial \beta_{1}}\left[e_{2}(r_{1}r_{2}-\mu-\lambda^{2})-e_{1}(1+\lambda^{2})-\lambda e_{3}+\lambda r_{1}\right]+\frac{\partial e_{2}}{\partial \beta_{1}}\Big[e_{1}(r_{1}r_{2}-\mu-\lambda^{2})-\\\quad(1+\lambda^{2})e_{2}-\lambda e_{3}+\lambda r_{2}\Big]+\frac{\partial e_{3}}{\partial \beta_{1}}\left(r_{3}-\lambda e_{1}-\lambda e_{2}-e_{3}\right)-\rho\beta_{1}\sigma^{2}=0\\\frac{\partial e_{1}}{\partial \beta_{2}}\left[e_{2}(r_{1}r_{2}-\mu-\lambda^{2})-e_{1}(1+\lambda^{2})-\lambda e_{3}+\lambda r_{1}\right]+\frac{\partial e_{2}}{\partial \beta_{2}}\Big[e_{1}(r_{1}r_{2}-\mu-\lambda^{2})-\\\quad(1+\lambda^{2})e_{2}-\lambda e_{3}+\lambda r_{2}\Big]+\frac{\partial e_{3}}{\partial \beta_{2}}\left(r_{3}-\lambda e_{1}-\lambda e_{2}-e_{3}\right)-\rho\beta_{2}\sigma^{2}=0\end{cases} \tag{5.13}$$

把式(5.13)转化为函数形式，并将式(5.7)、式(5.8)、式(5.9)代入可得如下公式：

$$\begin{aligned}f_{1}(\beta_{1},\beta_{2})=&\frac{\partial e_{1}}{\partial \beta_{1}}\left\{\frac{\lambda\beta_{2}\left[(r_{3}-r_{1})(r_{1}r_{2}-\mu)+(r_{2}-r_{3})\right]}{\beta_{1}r_{1}r_{2}-\mu-1}+\frac{\lambda\beta_{2}(r_{1}-r_{2})(r_{1}r_{2}-\mu+1)}{(\beta_{1}r_{1}r_{2}-\mu)^{2}-1}+\lambda r_{1}-\lambda\beta_{2}r_{3}\right\}+\\&\frac{\partial e_{2}}{\partial \beta_{1}}\left\{\frac{\lambda\beta_{2}(r_{2}-r_{1})(r_{1}r_{2}-\mu+1)}{(\beta_{1}r_{1}r_{2}-\mu)^{2}-1}-\frac{\lambda\beta_{2}\left[(r_{1}r_{2}-\mu)(r_{2}-r_{3})+(r_{3}-r_{1})\right]}{\beta_{1}r_{1}r_{2}-\mu-1}+\lambda r_{2}-\lambda\beta_{2}r_{3}\right\}+\\&\frac{\partial e_{3}}{\partial \beta_{1}}r_{3}(1-\beta_{2})-\rho\beta_{1}\sigma^{2}\end{aligned} \tag{5.14}$$

$$f_{2}(\beta_{1},\beta_{2})=\frac{\partial e_{1}}{\partial \beta_{2}}\left\{\frac{\lambda\beta_{2}(r_{1}-r_{2})(r_{1}r_{2}-\mu+1)}{(\beta_{1}r_{1}r_{2}-\mu)^{2}-1}+\frac{\lambda\beta_{2}\left[(r_{1}r_{2}-\mu)(r_{3}-r_{1})+(r_{2}-r_{3})\right]}{\beta_{1}r_{1}r_{2}-\mu-1}-\lambda\beta_{2}r_{3}+\lambda r_{1}\right\}+$$

$$\frac{\partial e_2}{\partial \beta_2}\left\{\frac{\lambda\beta_2(r_1r_2-\mu+1)(r_2-r_1)}{(\beta_1r_1r_2-\mu)^2-1}-\frac{\lambda\beta_2\left[(r_1r_2-\mu)(r_2-r_3)+(r_3-r_1)\right]}{\beta_1r_1r_2-\mu-1}-\lambda\beta_2r_3+\lambda r_2\right\}+$$

$$\frac{\partial e_3}{\partial \beta_2}r_3(1-\beta_2)-\rho\beta_2\sigma^2 \tag{5.15}$$

其中，式(5.14)和式(5.15)中，由以下各式替换：

$$\frac{\partial e_1}{\partial \beta_1}=\frac{\beta_2\lambda r_1r_2(r_2-r_3)}{(\beta_1r_1r_2-\mu)^2-1}+\frac{2\beta_2\lambda r_1r_2\left[(r_2-r_3)-(\beta_1r_1r_2-\mu)(r_3-r_1)\right]}{\left[(\beta_1r_1r_2-\mu)^2-1\right]^2} \tag{5.16}$$

$$\frac{\partial e_1}{\partial \beta_2}=\frac{\lambda(2r_3-r_2-r_1)}{(\beta_1r_1r_2-\mu)^2-1}+\frac{\lambda(r_3-r_2)}{\beta_1r_1r_2-\mu+1} \tag{5.17}$$

$$\frac{\partial e_2}{\partial \beta_1}=\frac{-2r_1r_2\lambda\beta_2\left[(r_3-r_1)+(\beta_1r_1r_2-\mu)(r_3-r_2)\right]}{\left[(\beta_1r_1r_2-\mu)^2-1\right]^2}-\frac{\lambda r_1r_2\beta_2(r_3-r_1)}{(\beta_1r_1r_2-\mu)^2-1} \tag{5.18}$$

$$\frac{\partial e_2}{\partial \beta_2}=\frac{\lambda\left[(r_3-r_1)(\beta_1r_1r_2-\mu)+(r_3-r_2)\right]}{(\beta_1r_1r_2-\mu)^2-1} \tag{5.19}$$

$$\frac{\partial e_3}{\partial \beta_1}=\frac{\lambda^2r_1r_2\beta_2(2r_3-r_1-r_2)}{(\beta_1r_1r_2-\mu-1)^2} \tag{5.20}$$

$$\frac{\partial e_3}{\partial \beta_2}=r_3-\frac{\lambda^2(2r_3-r_1-r_2)}{\beta_1r_1r_2-\mu-1} \tag{5.21}$$

由式(5.14)和式(5.15)可知，难以求解出激励因子 $\beta_1^*$ 和 $\beta_2^*$ 的解析解，故考虑运用数值仿真来体现研究参数与最优激励因子之间的关系。

## 5.4 模型的数值仿真

本章采用 Matlab 2017b 数值仿真技术来分析式(5.14)和式(5.15)中各个研究参数与激励因子之间的关系。如表5.1所示，为研究参数取值范围和合理取值。当研究其中某参数时，把其他参数取表5.1中的合理值，从而将其影响固化。

表5.1　研究参数取值范围和合理取值表

| 主要参数 | 定义 | 假设中定义的参数取值范围 | 合理取值 | 主要参数 | 定义 | 假设中定义的参数取值范围 | 合理取值 |
|---|---|---|---|---|---|---|---|
| $r_1$ | 尽职调查阶段业务经理风险控制能力系数 | $0 < r_1 < 1$ | 0.5 | $r_2$ | 尽职调查阶段业务经理业务开展能力系数 | $0 < r_2 < 1$ | 0.7 |
| $r_3$ | 保后监管阶段业务经理风险控制能力系数 | $0 < r_3 < 1$ | 0.5 | $\rho$ | 业务经理的风险规避度 | $0 \leqslant \rho \leqslant 1$ | 0.3，0.7 |
| $\lambda$ | 业务经理尽职调查阶段投入的努力对保后监管阶段产生的影响程度 | $0 \leqslant \lambda \leqslant 1$ | 0.5 | $\mu$ | 业务经理在尽职调查阶段兼顾风险控制和开展业务两任务的工作难度 | $0 \leqslant \mu \leqslant 1$ | 0.5 |
| $\sigma^2$ | 影响风险成本的不确定因素的方差 | $\sigma^2 > 0$ | 50 | — | — | — | — |

根据上文的假设以及担保实务，对研究参数的合理取值做以下说明：在尽职调查阶段，由于受到担保企业业务提成奖的诱惑，业务经理会更关注业务开展，而容易忽略担保风险控制。因此，在尽职调查阶段，业务经理风险控制能力水平取均值，业务开展能力水平取值较风险控制能力系数取值会偏大，故 $r_1$ 取0.5，$r_2$ 取0.7；在保后监管阶段，业务经理风险控制能力水平取均值，故 $r_3$ 取0.5；在担保业务操作过程中，业务经理在尽职调查阶段投入的努力对保后监管阶段产生的影响取均值，即 $\lambda$ 取0.5；业务经理在尽职调查阶段兼顾两任务的难度系数取均值，故 $\mu$ 取0.5；在尽职调查阶段，业务经理千方百计要促使担保业务承保，故会更偏向风险偏好，而在保后监管阶段，业务经理没有已开展业务的子任务，只需控制风险，因此，业务经理会更偏向风险厌恶，故两阶段分别取 $\rho = 0.3$ 和 $\rho = 0.7$。

### 5.4.1　尽职调查阶段业务经理能力系数与最优激励因子关系的仿真

以业务经理在尽职调查阶段能力系数 $r_i$ 为横坐标，然后以业务经理在尽职调查阶段最优激励因子 $\beta_1^*$ 为纵坐标绘制图5.1。

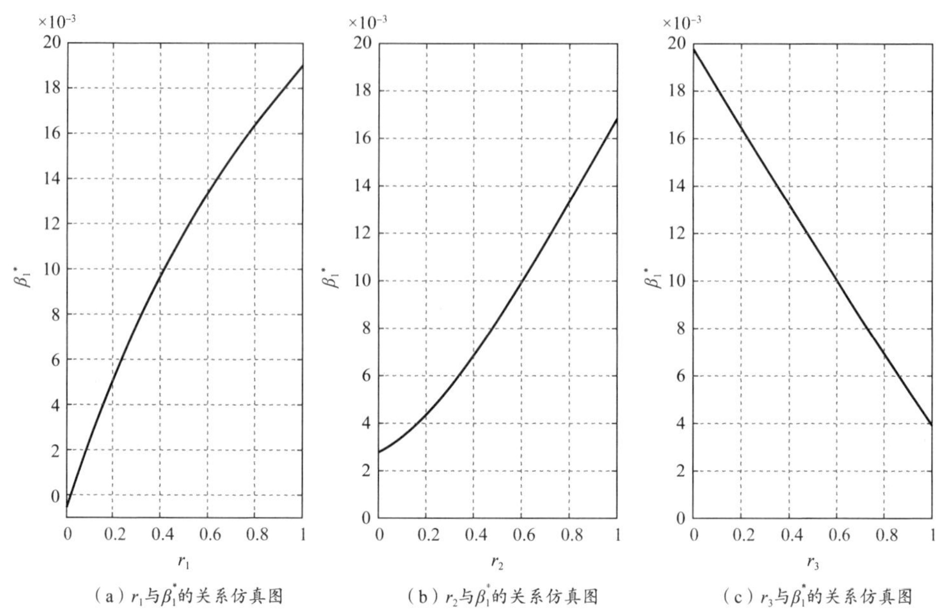


（a）$r_1$与$\beta_1^*$的关系仿真图　（b）$r_2$与$\beta_1^*$的关系仿真图　（c）$r_3$与$\beta_1^*$的关系仿真图

**图5.1　业务经理能力系数与尽职调查阶段最优激励因子关系**

⑴由图5.1（a）可知，担保企业对业务经理的正激励强度会随着其在尽职调查阶段风险控制能力系数 $r_1$ 的增大而增强，且呈边际递减趋势。

⑵由图5.1（b）可知，随着业务经理在尽职调查阶段开展业务能力系数 $r_2$ 增大，担保企业对该阶段业务经理的正激励强度增强，且呈边际递增趋势。

⑶由图5.1（c）可知，随着业务经理保后监管阶段风险控制能力系数 $r_3$ 增大，担保企业对尽职调查阶段业务经理的正激励强度减小。

本书解释如下：对于前两种情况，在尽职调查阶段，随着业务经理风险控制和业务开展能力的增强，担保企业应增大正激励强度。当业务经理风控能力处于高水平时，表明业务经理完全有能力把控风险，故可适当减小对其正激励强度；而当业务经理开展业务能力处于高水平时，其风控能力一般也不会差，故在激励业务经理把控风险的前提下，应更激励其多开展业务。对于第三种情况，业务经理在保后监管阶段的风控能力越大，表明业务经理监控担保项目的能力越强，完全可以把控担保项目的后期风险。那么在尽职调查阶段，担保企业可适当提供的正激励，就可以达到开展业务和解保的目的。

### 5.4.2　保后监管阶段业务经理能力系数与最优激励因子关系的仿真

以业务经理在保后监管阶段能力系数 $r_i$ 为横坐标，然后以业务经理在保后监管阶段最优激励因子 $\beta_2^*$ 为纵坐标绘制图5.2。

(1) 由图5.2（a）可知，随着业务经理在尽职调查阶段风控能力 $r_1$ 增大，担保企业对其在保后监管阶段的正激励强度先递减后递增。

(2) 由图5.2（b）可知，随着业务经理在尽职调查阶段业务开展能力 $r_2$ 增大，担保企业对其在保后监管阶段的正激励强度呈递增趋势。

(3) 由图5.2（c）可知，当业务经理在保后监管阶段的风险控制能力 $r_3$ 处于低水平时，担保企业对其在该阶段的正激励强度递减；当业务经理保后监管阶段的风险控制能力 $r_3$ 处于中高水平时，担保企业对其在该阶段的正激励强度增加。

本书解释如下：对于第一种情况，当业务经理尽职调查阶段的风险控制能力处于中低水平时，担保企业可以通过减小保后监管阶段的激励强度，来促使业务经理在该阶段对风险做到严格把控，增加其在该阶段对风险控制任务投入的努力。当业务经理的风险控制能力处于中等或高水平时，容易忽略项目在保后监管阶段的监控，故需要增强对其在该阶段的激励强度。对于第二种情况，若业务经理尽职调查阶段的业务开展能力增强，则在保后监管阶段，业务经理需要投入更多的努力，来严格监控每个担保项目的后续经营状况，促使项目顺利解保。对于第三种情况，当业务经理保后监管阶段的风险控制能力处于低水平时，表明业务经理在该阶段的风控能力不足，故适当减小此阶段激励强度，督促业务经理在尽职调查阶段重视风险控制；当业务经理的风险控制能力处于中等或中高水平时，应增大激励强度，促使业务经理保后监管阶段做好风险控制工作，使项目顺利解保。

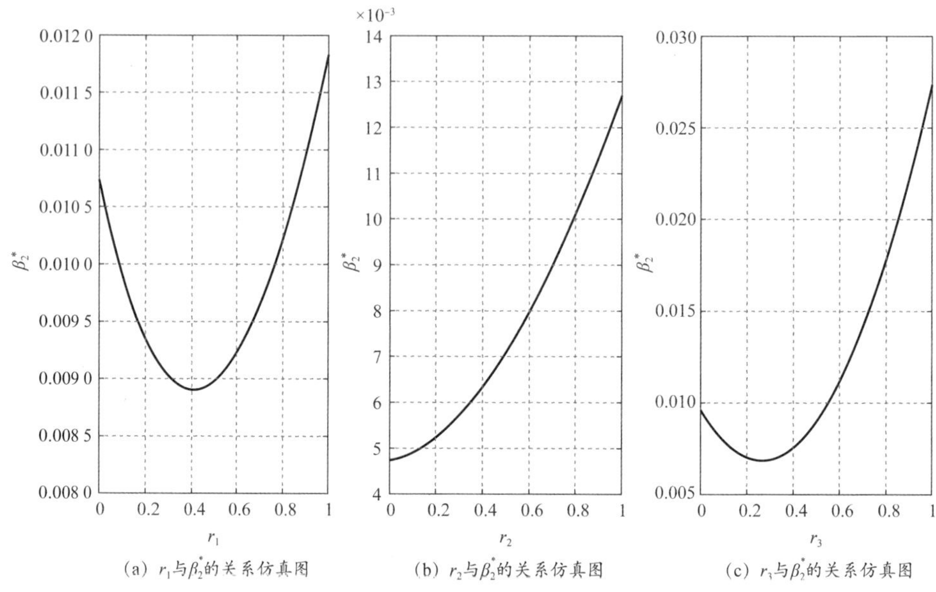


图5.2 业务经理能力系数与保后监管阶段最优激励因子关系

### 5.4.3 两阶段努力水平影响程度与业务经理最优激励因子关系的仿真

以业务经理在尽职调查和保后监管两阶段努力影响因子 $\lambda$ 为横坐标，然后分别以两阶段最优激励因子 $\beta_1^*$ 和 $\beta_2^*$ 为纵坐标绘制图5.3。

由图5.3可知，随着业务经理在尽职调查和保后监管两阶段努力影响因子 $\lambda$ 增大，担保企业对业务经理在两阶段的正激励强度都应增大，且在保后监管阶段增大的速率呈递增趋势。

本书解释如下：担保企业一旦承保担保业务，在保后监管阶段就存在发生代偿损失的可能。因此，在尽职调查阶段，担保企业应提高对业务经理的正激励强度，促使其在开展业务的同时，将担保风险隐患在尽职调查阶段排除。在保后监管阶段，如果客户企业的经营状况发生变化，导致担保项目出险而发生风险，担保企业就要遭受严重的代偿损失。因此，为促使业务经理投入更多努力确保项目顺利解保，担保企业需要持续增大对业务经理的正激励强度。

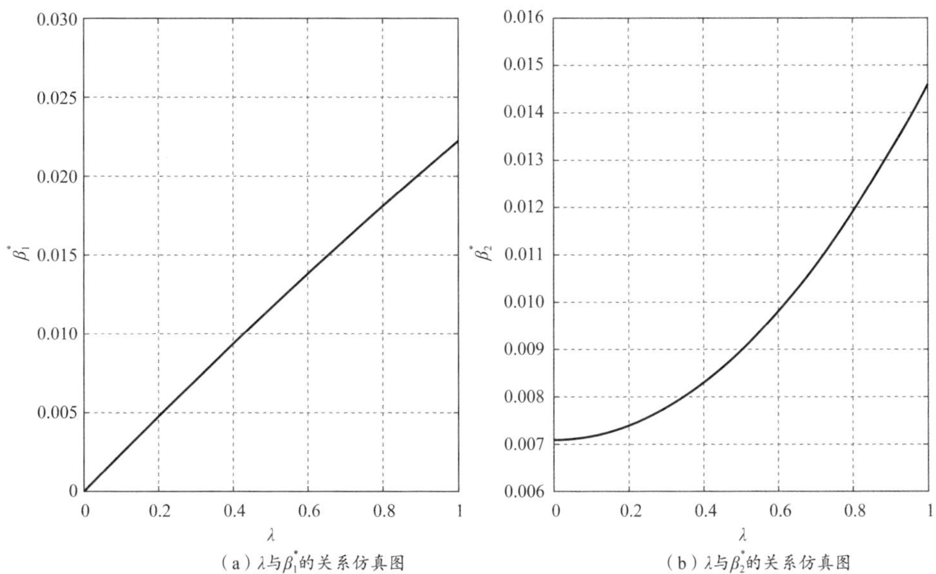


（a）$\lambda$与$\beta_1^*$的关系仿真图　　（b）$\lambda$与$\beta_2^*$的关系仿真图

图5.3　业务经理两阶段努力影响因子与最优激励因子关系

### 5.4.4　尽职调查阶段兼顾两任务难度与业务经理最优激励因子关系的仿真

以业务经理兼顾开展业务和风险控制两任务的难度$\mu$为横坐标，然后分别以两阶段最优激励因子$\beta_1^*$和$\beta_2^*$为纵坐标绘制图5.4。由图5.4可知：

(1) 在尽职调查阶段，当业务经理兼顾难度为中低等（$\mu=0.8$）时，担保企业对其激励强度应维持在特定区域（$\beta_1$在0.01上下）；当业务经理的兼顾难度为高水平（$\mu>0.8$）时，担保企业对其激励强度先适当降低后陡增。

(2) 当业务经理的兼顾难度增大时，担保企业对其在保后监管阶段的激励强度应增大。

本书对以上两种情况的解释如下：第一种情况，当业务经理兼顾开展业务和风险控制两任务的难度在中低等以下时，表示业务经理完全有能力操作业务，担保企业只需维持在一定激励强度即可。当两任务兼顾难度位高水平时，业务经理有可能难以胜任此项目，如果业务经理仍坚持操作该业务，表明业务经理有信心和能力兼顾业务开展和风险控制，那么担保企业可根据其具体的阶段性业绩，对其高强度激励。第二种情况，在尽职调查阶段，兼顾开展业务和风险控制的难度逐渐增大时，表明操作该项目的总体难度在增大，因此，必须在增加业务奖的同时逐渐增加解保奖，才能促使业务经理在保后监管阶段对风险控制任务投入更多的努力，确保担保项目顺利解保。

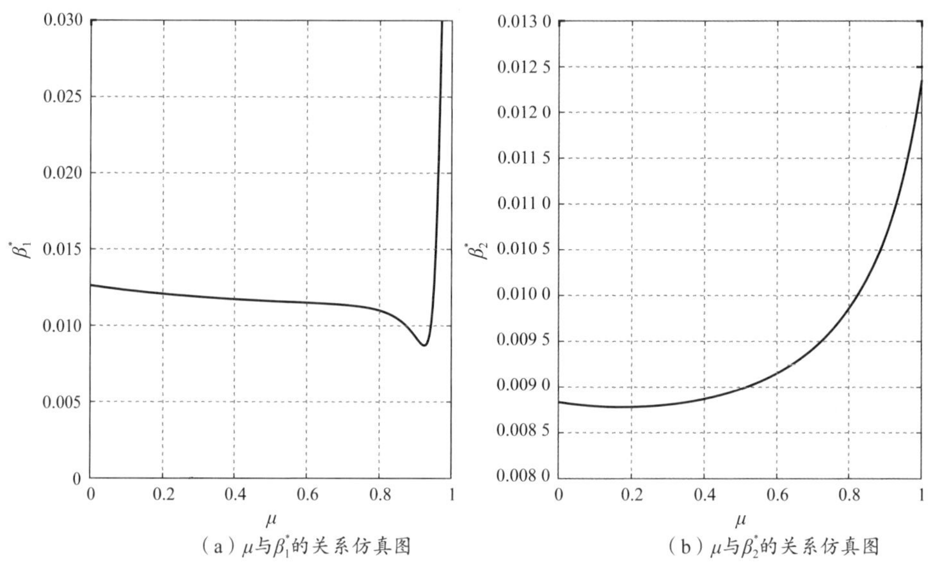


（a）$\mu$与$\beta_1^*$的关系仿真图　　（b）$\mu$与$\beta_2^*$的关系仿真图

图5.4　业务经理尽职调查阶段两任务兼顾难度与最优激励因子关系

## 5.5　模型的稳定性分析

本章考察业务经理在尽职调查阶段的风控能力系数 $r_1$、业务开展能力系数 $r_2$、保后监管阶段的风控能力系数 $r_3$、两阶段努力水平影响程度 $\lambda$、尽职调查阶段两任务的兼顾难度 $\mu$ 五个研究参数的变动对式(5.14)和式(5.15)的影响。设置这五个研究参数分别变动 ±5%、±10%、±15%，当其中一个研究参数变动时，其他研究参数取合理值。采用计算较为简便的局部敏感度分析[70]。研究参数敏感性系数 =| 目标函数的变动百分比 / 研究参数的变动百分比 |= $\left|\frac{\Delta f / f}{\Delta x / x}\right|$（式中，$x$ 为研究参数，$f$ 为目标函数）。表5.2 中列出了激励模型式(5.14)和式(5.15)

的敏感性参数。

表5.2　激励模型研究参数敏感性参数表

| 研究参数 | −15% | −10% | −5% | 5% | 10% | 15% |
|---|---|---|---|---|---|---|
| 激励模型研究参数——式（5.14） | | | | | | |
| $r_1$ | 0.011 4 | 0.011 0 | 0.010 6 | 0.009 9 | 0.009 6 | 0.009 2 |
| $r_2$ | 0.001 3 | 0.001 0 | 0.001 8 | 0.001 4 | 0.001 2 | 0.001 0 |
| $r_3$ | 0.008 9 | 0.008 7 | 0.008 4 | 0.008 0 | 0.007 8 | 0.007 6 |
| $\lambda$ | 0.001 1 | 0.001 8 | 0.001 4 | 0.001 9 | 0.001 6 | 0.001 3 |
| $\mu$ | 0.001 2 | 0.001 2 | 0.001 1 | 0.001 0 | 0.001 0 | 0.001 0 |
| 激励模型研究参数——式（5.15） | | | | | | |
| $r_1$ | 0.001 1 | 0.001 2 | 0.001 3 | 0.001 5 | 0.001 6 | 0.001 6 |
| $r_2$ | 0.004 1 | 0.004 1 | 0.004 2 | 0.004 2 | 0.004 2 | 0.004 2 |
| $r_3$ | 0.003 8 | 0.004 0 | 0.004 1 | 0.004 5 | 0.004 6 | 0.004 8 |
| $\lambda$ | 0.002 0 | 0.002 0 | 0.002 0 | 0.002 0 | 0.002 0 | 0.002 0 |
| $\mu$ | 0.001 1 | 0.001 1 | 0.001 2 | 0.001 3 | 0.001 4 | 0.001 5 |

根据表5.2和表5.3的敏感性分析可知，当参数单独变动 ±5%、±10%、±15% 时，激励模型式(5.14)的变动幅度在1‰ ~ 8.9‰ 左右；激励模型式(5.15)的变动范围为1.1‰ ~ 4.8‰。由以上可得，模型式(5.14)和式(5.15)具有理想的稳定性。

## 5.6　研究结论

(1) 业务经理同一阶段的能力水平与最优激励因子的关系。在其他影响因素保持稳定的条件下，随着业务经理在尽职调查阶段的风险控制能力或业务开展能力的提升，担保企业对其该阶段的正激励强度增大且呈边际递减趋势。当业务经理在保后监管阶段的风险控制能力提升时，担保企业对其在该阶段的正激励强度先减小后增大。

(2)业务经理不同阶段的能力水平与最优激励因子的关系。在其他影响因素保持稳定的条件下，随着业务经理在尽职调查阶段风险控制能力的提升，担保企业对其在保后监管阶段的正激励强度先递减后递增。随着业务经理尽职调查阶段的业务开展能力提升，其保后监管阶段的正激励强度应增大。随着业务经理保后监管阶段的风险控制能力提升，其尽职调查阶段的正激励强度应减小。

(3)业务经理两阶段间努力的影响程度与最优激励因子的关系。在其他影响因素保持稳定的条件下，随着业务经理在尽职调查和保后监管两阶段间的努力水平影响程度增加，担保企业对其在两阶段的正激励强度均增大。

(4)业务经理兼顾两任务难度与最优激励因子的关系。在其他影响因素保持稳定的条件下，当业务经理在尽职调查阶段兼顾业务开展和风险控制两任务的难度为中低等水平时，担保企业对其正激励强度应稳定地维持在中低水平；当兼顾难度为高水平时，担保企业对其正激励强度应先降低，然后大幅度增加。当业务经理在尽职调查阶段兼顾两任务的难度增大时，其在保后监管阶段的正激励强度应增大。

# 第 6 章　基于双边团队道德风险模型的担保业务评委激励机制

担保企业业务评委在审核担保业务中可能发生的道德风险是产生担保项目代偿损失的主要原因之一。评委本身的职业道德、责任心和业务素质能力等因素对担保业务风险控制起着至关重要的作用。

现有双边道德风险的研究更多与多阶段道德风险相结合，且忽略了双边道德风险中各方存在多名成员的团队道德风险的情况。本章以担保企业评委团队成员为研究对象，根据担保业务评委的特点，以及业务评委团队与业务经理风控经理团队的双边团队特点，构建了复合式双边团队道德风险模型，运用 Matlab 2017b 软件仿真技术揭示了在业务评审阶段评委团队成员的业务能力、评委承担代偿损失比例、评委风险规避度主要影响因素与最优激励因子的关系。

## 6.1　担保业务经理风控经理团队与业务评委团队的双边团队道德风险的问题描述

前期担保业务经理和担保风控经理进行尽职调查后，对于初审结果如有分歧或均认为可承保，则将项目推送给担保企业，进入担保业务的第二阶段——评审业务阶段。在此阶段，业务经理和风控经理自发形成的“团队”需要配合评委团队评审业务，接受并回答评委团队成员提出的各种问题。本章重点研究在第二阶段的担保业务评议会阶段，即由担保业务经理和业务风控经理形成的团队与担保评委团队的双边道德风险问题，运用经济激励手段引导担保评委的努力行为。

根据担保业务的实践经验，担保业务流程包括四个主要阶段：担保业务人员的尽职调查，担保企业评委对项目的审核，担保业务承保和反担保手续的办理，担保企业对承保业务的保后监管。评委团队成员的职业道德、责任心、素质能力，对担保业务的风险识别、判断和鉴别，以及担保风险控制起到至关重要的把关作用。担保企业评委的道德风险行为表现为以下三个方面：其一，评委本身的职业道德问题。具体表现就是评委有可能与业务人员合谋，把不合规的担保业务通过承保，进而骗取并瓜分担保业务收入。其二，缺乏必要的奖励和惩罚，评委评审业务的责任心缺失。其三，评委自身的素质能力和业务经验不足，对业务项目的风险认知水平和防控能力有限，导致对担保业务的误判。第一种和第二种属于有过错责任，第三种属于无过错责任。

根据绪论部分的经济学道德风险的定义，本章研究的问题中业务经理和风控经理团队，以及业务评委团队，在与担保企业签订聘用契约后操作业务，两个团队均可能会隐藏自己的信息或行为，在担保业务的评审阶段做出与担保企业利益相违背的行为，因此属于典型的经济学道德风险。

## 6.2 双边团队道德风险模型的基本假设

委托人担保企业授权给业务评委团队，业务评委团队代表担保企业行使职权，因此委托人可设为业务评委团队，代理人为业务经理和风控经理的组成团队。

**假设 1：**由于担保企业业务评委们就某些工作进行协作，相互间的建议有可能互相参考，业务评委之间的协力也会发挥作用。参考 Holmstrom[75] 和 Rasmusen[76] 有关团队的产出函数形式，由评委团队的努力给担保企业带来的担保收入为：$P(x_i)=\lambda_1 x_1+\cdots+\lambda_2 x_2+\lambda_n x_n$（式中，$\lambda_1$、$\lambda_2$、…、$\lambda_n$ 为担保评委团队成员业务能力系数，取值范围为0到1；$x_1, x_2, \cdots, x_n$ 为第1, 2, …, $n$ 位评委努力）。由业务经理和风控经理的团队努力给担保企业带来的担保收入为：$P(y_i)=\mu_1 y_1+\mu_2 y_2$（式中，$y_i$ 为第 $i$ 位业务经理或风控经理的努力；$\mu_1$、$\mu_2$ 为业务经理和风控经理业务能力系数，取值范围为0到1）。

假设2：基于 Holmstrom 和 Milgrom 的研究，努力成本增加速度随努力程度的增加而递增 [66]。同时借鉴并拓展了相关文献 [21]，笔者采用评委团队成员努力成本的函数形式为 $C(x_i)=\frac{1}{2}x_1^2+\frac{1}{2}x_2^2+\cdots+\frac{1}{2}x_n^2$。业务经理和风控经理的团队努力成本为 $C(y_i)=\frac{1}{2}y_1^2+\frac{1}{2}y_2^2$。

假设3：传统激励模型采用 Holmstrom 和 Milgrom 的线性函数激励模型形式 [66]。担保企业根据实现的担保收入而支付薪酬，对评委团队报酬表示为：$\omega(x_i)=\alpha+\beta[P(x_i)+P(y_i)]$（式中，$\alpha$ 为评委团队固定薪酬，$\beta$ 为评委团队的激励因子）。担保企业对业务风控团队报酬表示为：$\omega(y_i)=\alpha+(1-\beta)[P(x_i)+P(y_i)]$[ 式中，$(1-\beta)$ 为业务风控团队的激励因子 ]。

假设4：根据 Hsu.I-Chiech[68] 的研究结论，假设风险成本为 $F(\theta)=\theta VAR(s)/2=(\theta\beta^2\sigma^2)/2$（式中，$\theta$ 为风险规避度，$\sigma^2$ 为影响风险成本的随机因素的方差）。根据担保实践，如果在担保业务承保后在保后监管阶段发生代偿风险损失，由担保企业、评委、业务人员和风险控制人员几方共同承担损失。评委需承担的风险损失为：$C_1(\beta, k_1)=k_1(\theta_1\beta^2\sigma^2)/2$（式中，$k_1$ 表示评委需承担的代偿损失比例，$\theta_1$ 为评委的风险规避度）。业务和风控经理承担的风险损失为：$C_2(\beta, k_2)=k_2[\theta_2(1-\beta)^2\sigma^2]/2$（式中，$k_2$ 表示业务和风控经理需共同承担的代偿风险损失，$\theta_2$ 为业务风控人员风险规避度）。担保企业需要承担的代偿损失比例为 $1-k_1-k_2$。

## 6.3 模型的构建与求解

本章将团队道德风险模型与双边道德风险模型有机结合，构建复合式双边团队道德风险模型。假设委托人为评委团队，代理人为业务经理和风控经理组成的团队。基于以上假设，评委团队的期望收益为：

$$\begin{aligned}E(PT)&=\omega(x_i)-C(x_i)-C_1(\beta,k_1)\\&=\alpha+\beta\left[(\lambda_1x_1+\lambda_2x_2+\cdots+\lambda_nx_n)+(\mu_1y_1+\mu_2y_2)\right]-\\&\quad\left(\frac{1}{2}x_1^2+\frac{1}{2}x_2^2+\cdots+\frac{1}{2}x_n^2\right)-k_1\frac{\theta_1\beta^2\sigma^2}{2}\end{aligned}$$

业务风控团队的期望收益为：

$$\begin{aligned}E(YF)&=\omega(y_i)-C(y_i)-C_2(1-\beta,k_2)\\&=\alpha+(1-\beta)\left[(\lambda_1x_1+\lambda_2x_2+\cdots+\lambda_nx_n)+(\mu_1y_1+\mu_2y_2)\right]-\\&\quad\left(\frac{1}{2}x_1^2+\frac{1}{2}x_2^2+\cdots+\frac{1}{2}x_n^2\right)-\left(\frac{1}{2}y_1^2+\frac{1}{2}y_2^2\right)-k_2\frac{\theta_2(1-\beta)^2\sigma^2}{2}\end{aligned}$$

在担保企业评委团队与业务经理和风控经理信息不对称的条件下，双方的努力行为不能被对方观测，也不能验证，故存在双边的道德风险。评委团队既要满足业务经理和风控经理团队的激励相容约束和参与约束，也要满足自身的激励相容约束。在担保实践中，评委团队的目标函数优化结果为正值，因此不必列出评委团队的参与约束条件。在信息不对称下，担保企业评委团队与业务经理和风控经理团队的双边团队最优化激励契约，激励契约如下：

$$\begin{aligned}\max_{x_i,y_i,\beta}(PT)&=\alpha+\beta\left[(\lambda_1x_1+\lambda_2x_2+\cdots+\lambda_nx_n)+(\mu_1y_1+\mu_2y_2)\right]-\\&\quad\left(\frac{1}{2}x_1^2+\frac{1}{2}x_2^2+\cdots+\frac{1}{2}x_n^2\right)-k_1\frac{\theta_1\beta^2\sigma^2}{2}\end{aligned}\tag{6.1}$$

s.t.

$$\begin{aligned}y_1,y_2\in\arg\max&\left\{\alpha+(1-\beta)\left[(\lambda_1x_1+\lambda_2x_2+\cdots+\lambda_nx_n)+(\mu_1y_1+\mu_2y_2)\right]-\right.\\&\left.\left(\frac{1}{2}x_1^2+\frac{1}{2}x_2^2+\cdots+\frac{1}{2}x_n^2\right)-\left(\frac{1}{2}y_1^2+\frac{1}{2}y_2^2\right)-k_2\frac{\theta_2(1-\beta)^2\sigma^2}{2}\right\}\end{aligned}$$

$$(IC_y) \quad (6.2)$$

$$x_1, x_2, \cdots, x_n \in \arg\max\left\{\alpha + \beta\left[(\lambda_1 x_1 + \lambda_2 x_2 + \cdots + \lambda_n x_n) + (\mu_1 y_1 + \mu_2 y_2)\right] - \left(\frac{1}{2}x_1^2 + \frac{1}{2}x_2^2 + \cdots + \frac{1}{2}x_n^2\right) - k_1\frac{\theta_1\beta^2\sigma^2}{2}\right\} \quad (IC_x) \quad (6.3)$$

$$\alpha + (1-\beta)\left[(\lambda_1 x_1 + \lambda_2 x_2 + \ldots + \lambda_n x_n) + (\mu_1 y_1 + \mu_2 y_2)\right] - \left(\frac{1}{2}x_1^2 + \frac{1}{2}x_2^2 + \ldots + \frac{1}{2}x_n^2\right) - \left(\frac{1}{2}y_1^2 + \frac{1}{2}y_2^2\right) - k_2\frac{\theta_2(1-\beta)^2\sigma^2}{2} \geqslant U_0 \quad (IR) \quad (6.4)$$

式中，约束条件（$IC_y$）和（$IC_x$）分别为业务经理和风控经理团队与业务评委团队的激励相容约束，业务经理和风控经理团队与评委团队会选择使各自团队的期望收益最优化的努力水平。因为业务经理和风控经理是不同类的工作人员，但是如果存在串谋，他们的利益取向就会变得趋同。评委团队的成员具有同质性，在信息不对称条件下，求解业务经理和风控经理团队与评委团队第 $i$ 位成员最优努力水平：

$$x_i^* = \beta\lambda_i, y_1^* = (1-\beta)\mu_1, y_2^* = (1-\beta)\mu_2 \quad (6.5)$$

业务经理和风控经理团队的参与约束在评委团队最优化条件下取等号，故(6.4)式转化为：

$$\alpha + (1-\beta)\left[(\lambda_1 x_1 + \lambda_2 x_2 + \cdots + \lambda_n x_n) + (\mu_1 y_1 + \mu_2 y_2)\right] - \left(\frac{1}{2}x_1^2 + \frac{1}{2}x_2^2 + \cdots + \frac{1}{2}x_n^2\right) - \left(\frac{1}{2}y_1^2 + \frac{1}{2}y_2^2\right) - k_2\frac{\theta_2(1-\beta)^2\sigma^2}{2} = U_0 \quad (6.6)$$

把(6.5)式和(6.6)式代入目标函数式(6.1)，得等价的优化目标函数：

$$\max_{x_i, y_i, \beta} \mathrm{E(PT)} = U_0 - (1-\beta)\left[(\lambda_1 x_1 + \lambda_2 x_2 + \cdots + \lambda_n x_n) + (\mu_1 y_1 + \mu_2 y_2)\right] + \left(\frac{1}{2}x_1^2 + \frac{1}{2}x_2^2 + \cdots + \frac{1}{2}x_n^2\right) + \left(\frac{1}{2}y_1^2 + \frac{1}{2}y_2^2\right) + k_2\frac{\theta_2(1-\beta)^2\sigma^2}{2} + \beta\left[(\lambda_1 x_1 + \lambda_2 x_2 + \cdots + \lambda_n x_n) + (\mu_1 y_1 + \mu_2 y_2)\right] - \left(\frac{1}{2}x_1^2 + \frac{1}{2}x_2^2 + \cdots + \frac{1}{2}x_n^2\right) - k_1\frac{\theta_1\beta^2\sigma^2}{2}$$

为便于数值运算，同样对评委团队各成员的能力系数以及业务人员和风控人员的能力系数，取等值处理，即 $\lambda_1 x_1+\lambda_2 x_2+\cdots+\lambda_n x_n=n\lambda x$，$\mu_1 y_1+\mu_2 y_2=2\mu y$，$x$ 和 $y$ 分别为评委团队与业务经理和风控经理团队的业务能力均值。

$$\max_{x_i,y_i,\beta}\mathrm{E(PT)}=U_0-(1-2\beta)\left[n\lambda^2\beta+2\mu^2(1-\beta)\right]+\mu^4(1-\beta)^2+$$
$$k_2\frac{\theta_2(1-\beta)^2\sigma^2}{2}-k_1\frac{\theta_1\beta^2\sigma^2}{2}\tag{6.7}$$

再对 $\beta$ 求偏导，得到最优激励因子 $\beta$ 的表达式：

$$\frac{\partial\mathrm{E(PT)}}{\partial\beta}=2\left[n\lambda^2\beta+2\mu^2\left(1-\beta\right)\right]-\left(1-2\beta\right)\left(n\lambda^2-2\mu^2\right)+2\mu^4\left(1-\beta\right)-$$
$$2k_2\theta_2\left(1-\beta\right)\sigma^2-k_1\theta_1\beta\sigma^2=0\tag{6.8}$$

$$\beta^*=\frac{n\lambda^2-6\mu^2-2\mu^4-2k_2\theta_2\sigma^2}{4n\lambda^2-8\mu^2-2\mu^4+2k_2\theta_2\sigma^2-k_1\theta_1\sigma^2}\tag{6.9}$$

## 6.4 模型的数值仿真

本章研究对象为双边团队道德风险中的评委团队一方，下面的数值分析围绕评委团队的激励机制展开。根据担保业务的实践和最优激励函数表达式，即式(6.9)，选取与担保评委评审业务密切相关的因素进行分析：担保评委团队成员的人数规模 $n$；担保评委团队成员能力系数 $\lambda$；担保评委承担的担保代偿损失比例 $k_1$，评委团队成员的风险规避度 $\theta_1$。各研究参数取值范围如表6.1所示。

根据担保企业实践，担保企业项目评审的评委人数通常为5人或7人。评委团队成员的能力取平均水平，故 $\lambda$ 取值0.5。同理，担保业务经理和风控经理的能力取平均水平，故 $\mu_1$ 和 $\mu_2$ 取值0.5。如果发生风险代偿，担保企业承担代偿损失的大部分，评委团队成员如有责任，承担少量损失，取值 $k_1$ 为0.2；业务经理和风控经理承担少部分损失，取值 $k_2$ 为0.2。评委团队成员持风险厌恶的态度，故 $\theta_1$ 取0.8；业务经理和风控经理有设法促成担保项目承保的意向，即持风险偏好态度，故 $\theta_2$ 取0.2。

表6.1　研究参数取值范围和合理取值表

| 主要参数 | 定义 | 假设中定义的参数取值范围 | 合理取值 | 主要参数 | 定义 | 假设中定义的参数取值范围 | 合理取值 |
|---|---|---|---|---|---|---|---|
| $\lambda$ | 担保评委团队成员能力系数 | $0<\lambda<1$ | 0.5 | $\mu$ | 担保业务经理和风控经理能力系数 | $0<\mu<1$ | 0.5 |
| $k_1$ | 担保评委承担的担保代偿损失比例 | $0<k_1<1$ | 0.1 | $k_2$ | 业务经理和风控经理承担的担保代偿损失比例 | $0<k_2<1$ | 0.2 |
| $\theta_1$ | 评委团队成员的风险规避度 | $0<\theta_1<1$ | 0.8 | $\theta_2$ | 业务经理和风控经理风险规避度 | $0<\theta_2<1$ | 0.2 |
| $n$ | 担保评委团队成员的人数规模 | $1<n$ | 5~9 | $\sigma^2$ | 影响风险成本的随机因素的方差 | $0\leqslant\sigma^2$ | 1 000 |

## 6.4.1　担保评委团队成员能力系数与最优激励因子关系的仿真

以评委团队成员业务能力系数 $\lambda$ 为横坐标，以评委最优激励因子 $\beta^*$ 为纵坐标绘制图6.1。

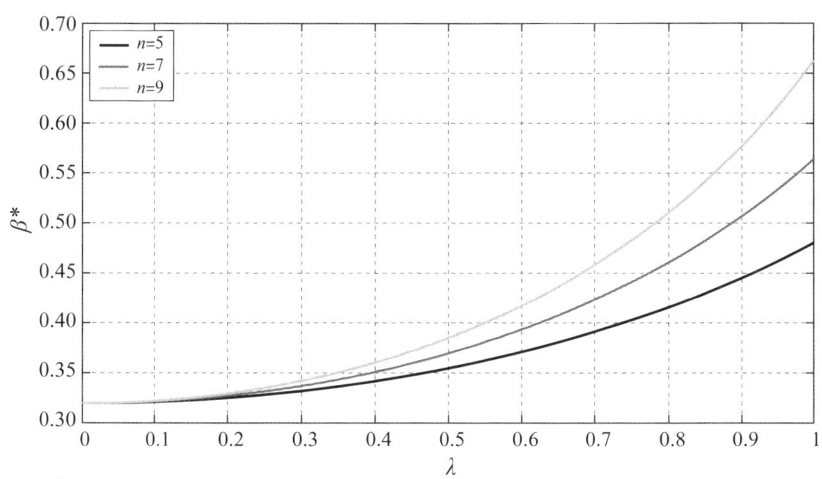


图6.1　评委团队成员能力 $\lambda$ 与最优激励因子 $\beta^*$ 的关系仿真图

首先，通过数值仿真描绘出评委团队人数分别取5、7、9人时，担保评委团队成员能力与最优激励因子的关系。其次，除要研究的变量 $\beta^*$ 和 $\lambda$ 外，将其他参变量选取表6.1中合理值，这些取值参考担保企业实践中的经验取值。

由图6.1可以看出，当评委团队成员业务能力$\lambda$偏弱时，对其采取的正激励强度也较低，以督促其尽快提升业务评审能力；随着评委业务能力$\lambda$增强，正激励的强度也在增加。另外，当评委业务能力$\lambda$处于同等水平时，评委团队人数规模越大，应适度强化正激励强度。

数值仿真的结果与组织行为学中的激励理论是吻合的。担保业务需要若干评委合作评审，当评委团队成员本身的业务能力水平偏低时，评委间的合作有可能是无效的或负效用的，表现为组织行为学中的社会懒化行为；而当评委团队成员业务能力较高时，表现为对担保业务风险有准确的识别和判断，那么这时的评委间协作将表现为组织行为学中的社会助化行为，因此应对其业务能力增强的行为施加递增的正激励。另外，由组织行为学的团队规模与绩效的关系可知，团队的规模过小或过大都是不合适的，应维持合适的团队规模。在合理的评委团队规模内，为激励评委成员的社会助化效应，评委规模增加，应施加递增的正激励。

### 6.4.2 担保业务评委团队成员承担的担保代偿损失比例与最优激励因子关系的仿真

为清楚展示担保评委团队成员担保代偿损失比例与最优激励因子的关系，通过四个仿真图展示担保评委人数取最常见的5~8人情况。

以担保代偿损失比例$k_1$为横坐标，分别以5~8人四种情况下最优激励因子$\beta^*$为纵坐标绘制图6.2。由图6.2可以看出：

(1) 当担保代偿损失比例$k_1$处于偏低水平时($0 < k_1 < 1$)，给予其激励的方式和强度存在较大不确定性。因为如果发生担保业务的代偿损失，一方面有评审责任的业务评委需要承担一定比例的代偿损失以示惩罚，另一方面要给予其一定的正激励以促使其在接下来的业务评审中尽职评审。

(2) 当代偿损失比例 $k_1$ 增加时，对其激励趋向零。这也就是说，既不施加正激励，也不施加负激励。这是因为承担的代偿损失比例比较大时，表明对其惩罚的力度也较大，不应再强化负激励，同时为体现惩罚意图，也不应再施加正激励。

(3) 随着担保业务评委人数增加，如果施加激励，则对其正激励强度要逐渐变化为大于负激励强度，仿真图中表现为正激励幅度要大于负激励。

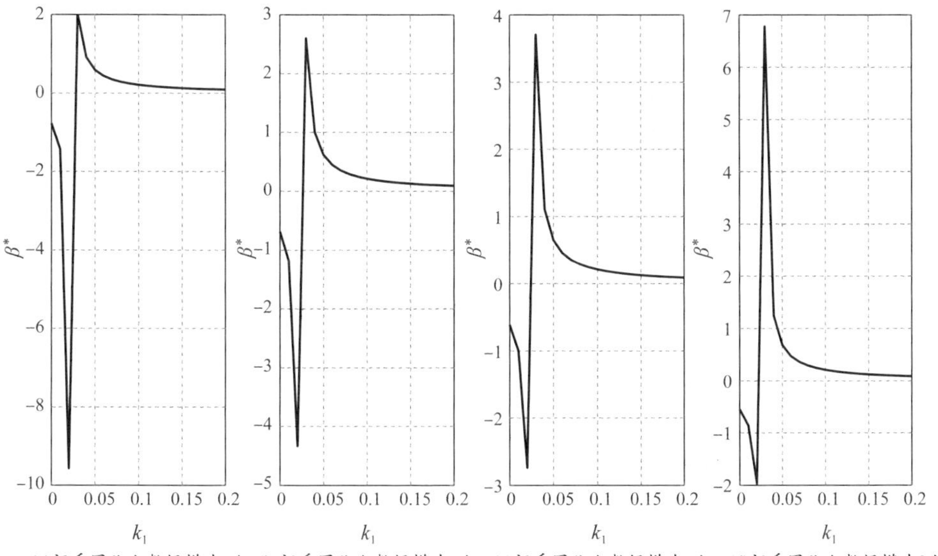


(a)评委团队人数规模为5人 (b)评委团队人数规模为6人 (c)评委团队人数规模为7人 (d)评委团队人数规模为8人

图6.2　评委团队成员承担的担保代偿损失比例与最优激励因子的关系

### 6.4.3　担保业务评委团队成员的风险规避度与最优激励因子关系的仿真

以评委团队成员风险规避度 $\theta_1$ 为横坐标，以最优激励因子 $\beta^*$ 为纵坐标绘制图6.3。

由图6.3 可以看出，当评委团队成员风险规避度 $\theta_1$ 处于偏低水平(风险偏好)和偏高水平(风险厌恶)时，都不应对其施加正激励或负激励。而当评委团队成员的风险规避度 $\theta_1$ 处于中等水平(风险中性)时，对其激励的方式和强度存在较大不确定性。这也就是说，对于担保业务评审把关应适度，既不能把关过严，也不能把关过松。前者会造成没有业务承保，最终导致担保企业没有收益，后者会导致承保后的代偿风险加大。另外，评委团队人数的分别为5、7、9人时，对其激励强度的影响差异并不显著。

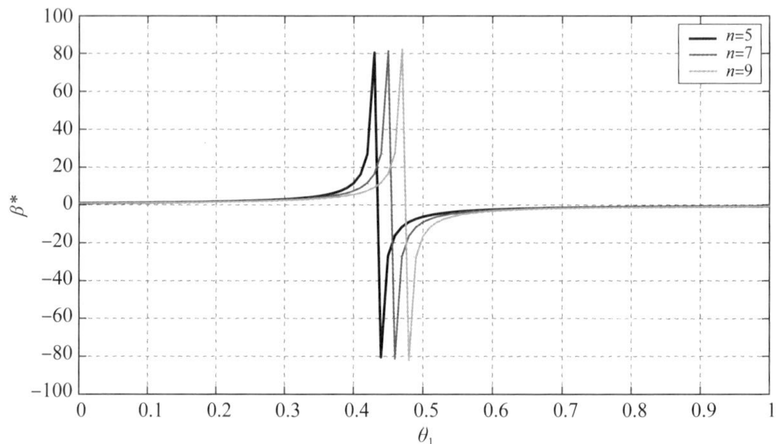


图6.3　评委团队成员风险规避度 $\theta_1$ 与最优激励因子 $\beta^*$ 的关系

## 6.5　模型的稳定性分析

下面考察评委团队成员经验和能力、评委团队合作度、评委团队成员道德敏感度、评委团队人数以及评委团队成员努力的标准五个研究参数的变动，对模型式(6.9)的影响。设置这五个研究参数分别变动 ±5%、±10%、±15%，当其中一个研究参数变动时，其他研究参数保持不变。本章采用了计算较为简便的局部敏感度分析[70]的敏感性系数法。研究参数敏感性系数 =|函数的变动百分比 / 研究参数的变动百分比 | = $\left|\dfrac{\Delta f / f}{\Delta x / x}\right|$(式中，$x$ 为研究参数，$f$ 为目标函数)。

根据表6.2的研究参数敏感性参数可知。当参数 $\lambda$、$n$、$k_1$、$\theta_1$ 单独变动 ±5%、±10%、±15%时，式(6.9)分别变动3‰ ~ 5‰、1‰ ~ 2‰、2.7‰ ~ 4.2‰、1‰ ~ 3‰。

表6.2　研究参数敏感性参数表

| 研究参数 | −15% | −10% | −5% | 5% | 10% | 15% |
|---|---|---|---|---|---|---|
| $\lambda$ | 0.006 0 | 0.001 5 | 0.003 2 | 0.002 9 | 0.001 6 | 0.005 0 |
| $n$ | 0.002 5 | 0.001 6 | 0.001 1 | 0.001 0 | 0.001 5 | 0.002 3 |
| $k_1$ | 0.002 7 | 0.002 9 | 0.003 1 | 0.003 5 | 0.003 8 | 0.004 2 |
| $\theta_1$ | 0.003 2 | 0.002 9 | 0.001 7 | 0.001 2 | 0.002 6 | 0.003 5 |

## 6.6　研究结论

(1) 随着担保评委团队成员业务能力增强，对其正激励的强度也应增加。而当评委团队人数规模增大时，应适当对其强化正激励。

(2) 当担保评委团队成员承担的代偿损失比例处于偏低水平时，对其激励的方式和强度存在不确定性；而代偿损失比例中等和偏高水平时，可不给予其激励。随着担保业务评委人数增加，对其正激励强度要逐渐变化为大于负激励强度。

(3) 当评委团队成员的风险规避度处于风险偏好和风险厌恶时，不应对其施加正激励或负激励；而处于风险中性时，对其激励的方式和强度存在不确定性。

# 第7章 基于团队多任务道德风险模型的担保业务评委激励机制

本书第6章是从业务评委团队与业务经理和风控经理团队的双边道德风险的视角来审视如何激励业务评委的，而本章将从业务评委团队内部承担多项担保业务评审任务的角度探讨如何激励业务评委。因此本章侧重以担保企业评委团队成员协作评审多项担保业务为研究对象，构建复合式团队多任务道德风险模型，运用 Matlab 2017b 软件仿真技术揭示在业务评审阶段，评委团队协作度、担保评委人数、担保企业年承保的业务量和评委承担代偿损失比例等影响因素与最优激励因子的关系。

## 7.1 担保业务评委团队多任务道德风险的问题描述

通过对国内担保企业的调研访谈，了解到担保企业业务评委在评审业务方面存在的主要问题是：担保企业对业务评委没有必要的经济激励和行为约束。一方面，担保企业规定评委对评审的项目负有责任，但评委却不能因相应的承保业务得到应有的奖励；另一方面，通过评委审核并承保的项目，如保后监管阶段发生风险代偿损失，责任完全归咎于业务经理，而业务评委不承担任何责任。这些原因直接导致评委成员对担保业务的审核把关不尽责。在担保实践中，业务评委团队是由技术评委和商务评委等多位评委组成的。评委之间的关系表现为：技术评委和商务评委的努力具有互补性。但是，由于担保业务的独立性和单件性特点[74]，担保业务之间是不存在替代性和互补性的。

根据绪论部分的经济学道德风险的定义，本章研究的问题中业务评委在与担保企业签订聘用契约后评审业务，业务评委隐藏自己的信息或行为，在担保业务的评审阶段做出与委托人——担保企业利益相违背的行为，因此属于典型的经济学道德风险。

## 7.2 团队多任务道德风险模型的基本假设

本章假定委托人为担保企业，不失一般性，代理人为担保企业的 $n$ 位评委，担保企业每年承保业务 $N$ 项。评委团队成员在审核担保业务时，其努力是不可观察的，也不可验证，因此存在信息不对称而发生道德风险的可能。

**假设 1**：担保企业的担保收入是承保担保业务的收益。担保企业一年的总收益用 $S$ 表示，国内外学界多任务激励模型多数采用的 CES（不变替代性）函数[77]，担保企业年担保收入为：

$$S=\sum_{j=1}^{N}S_j=\sum_{j=1}^{N}\sum_{i=1}^{n}k_{ij}e_{ij}^{1-r}=\sum_{j=1}^{N}\left(k_{1j}e_{1j}^{1-r}+k_{2j}e_{2j}^{1-r}+\cdots+k_{ij}e_{ij}^{1-r}+\cdots+k_{nj}e_{nj}^{1-r}\right)^{\frac{1}{1-r}}$$

式中，$k_{ij}$ 为第 $j$ 项担保业务对评委 $i$ 努力的影响程度系数；$e_{ij}$ 为评委团队成员 $i$ 在第 $j$ 项担保业务上付出的努力；评委团队是由 $n$ 位评委分工协作完成的；$N$ 为担保业务数量；$r$ 为担保业务间可替代系数，由于担保业务间具有独立性和不可替代性，故 $r=0$。这样总收入函数简化为：

$$S=\sum_{j=1}^{N}S_j=\sum_{j=1}^{N}\sum_{i=1}^{n}k_{ij}e_{ij}=\sum_{j=1}^{N}(k_{1j}e_{ij}+k_{2j}e_{ij}+\cdots+k_{ij}e_{ij}+\cdots+k_{nj}e_{nj})$$

另外，参考了 Axtell[78] 有关团队产出的函数形式：

$$P(e_i)=(e_1+e_2+\cdots+e_n)+\lambda(e_1+e_2+\cdots+e_n)^2$$

式中，$e_i$ 为团队成员的努力水平；$\lambda$ 为团队成员间协作系数。因此，担保企业年担保收入函数为：

$$S=\sum_{j=1}^{N}k_{ij}\left[(e_{1j}+e_{2j}+\cdots+e_{nj})+\lambda(e_{1j}+e_{2j}+\cdots+e_{nj})^2\right]=\sum_{j=1}^{N}k_{ij}\left[\sum_{i=1}^{n}e_{ij}+\lambda\left(\sum_{i=1}^{n}e_{ij}\right)^2\right]$$

式中，$\lambda$ 为担保评委团队成员协作系数，$\lambda=0$ 表明评委成员间无协作，$\lambda>0$ 表明评委成员间存在协作效应。

**假设2**：基于Holmstrom和Milgrom努力成本的研究成果，代理人努力成本增加速度随努力程度的增加而递增[66]。评委多任务努力成本参考了相关文献[71]的努力成本函数形式：

$$C(E_1,E_2,E_3,\mu)=(E_1^2+E_2^2+E_3^2+2\mu E_1E_2+2\mu E_1E_3+2\mu E_2E_3)/2$$

式中，$E_1$、$E_2$、$E_3$ 为评委团队成员在3个任务上的努力，$\mu$ 为不同任务间努力的替代性。不失一般性，将其成果拓展为 $N$ 项担保业务。再由假设1可知，担保业务之间不存在替代性，是独立的，故 $\mu=0$，因此多项担保业务的总努力成本为 $C=(E_1^2+E_2^2+E_3^2+\cdots+E_N^2)/2$。然而，就某一项担保业务而言，担保业务是由多位评委努力评审的，本章借鉴并拓展了相关文献[79]团队成员努力成本的函数形式 $C=(x^2+y^2)/2$，将上述多任务成本函数与团队成本函数综合考虑，构建担保业务评委多任务团队成本函数如下：

$$C(e_{ij})=\frac{1}{2}\sum_{j=1}^{N}\left(\frac{1}{2}e_{1j}^2+\frac{1}{2}e_{2j}^2+\cdots+\frac{1}{2}e_{nj}^2\right)$$

**假设3**：传统的激励模型是用线性函数表示的，本章也采用Holmstrom和Milgrom[66]提出的激励模型，担保企业对评委团队的总报酬为：

$$\sum_{j=1}^{N}\sum_{i=1}^{n}\omega(e_{ij})=\sum_{j=1}^{N}\sum_{i=1}^{n}(\alpha+\beta e_{ij})$$

式中，$e_{ij}$ 为评委团队在担保项目 $j$ 上付出的努力 ,$\omega(e_{ij})$ 表示在项目承保并顺利解保后评委获得的报酬，$\alpha$ 为评委成员的固定薪酬，$\beta$ 为对评委的激励因子，$N$ 为担保企业年承保并顺利解保的担保量。

**假设4：**风险控制是担保企业的第一要务，评委对风险大多持风险规避态度。根据相关文献[68]的研究结论，在评委所评审的担保项目中，各项担保项目的风险成本总和为：

$$F(\theta_i)=\frac{N\theta_i \mathrm{Var}(s)}{2}=N\sum_{i=1}^{n}\frac{\theta_i\beta^2\sigma^2}{2}$$

式中，$\theta_i$ 为评委 $i$ 在评审担保项目中的风险规避度（$\theta_i$>0），$\beta$ 为评委的激励因子，$n$ 为评委人数，$N$ 为担保业务数量，$\sigma^2$ 为影响风险成本的随机因素的方差，包括国家政治经济政策调整、担保市场行业结构调整导致竞争态势变化等外部因素，且随机因素的方差呈正态分布。基于风险共担的原则，本章设计风险分配方案，由担保企业、评委和业务人员三方共同承担损失。用 $\varepsilon_1$ 表示评委需承担的代偿损失的比例，评委承担的风险损失为：

$$C_1(\beta,\varepsilon_1)=\varepsilon_1 N\sum_{i=1}^{n}\frac{\theta_i\beta^2\sigma^2}{2}$$

用 $\varepsilon_2$ 表示评委需承担的代偿损失比例，担保企业需要承担的风险损失为：

$$C_2(\beta,\varepsilon_2)=\varepsilon_2 N\sum_{i=1}^{n}\frac{\theta_i\beta^2\sigma^2}{2}$$

担保业务经理承担代偿损失的比例为$1-\varepsilon_1-\varepsilon_2$。业务经理不属于本章研究的代理人范畴，不再赘述。

## 7.3 模型的构建与求解

担保企业的期望效用等于期望收入：

$$E=\sum_{j=1}^{N}k_{ij}\left[\sum_{i=1}^{n}e_{ij}+\lambda\left(\sum_{i=1}^{n}e_{ij}\right)^2\right]-\sum_{j=1}^{N}\sum_{i=1}^{n}(\alpha+\beta e_{ij})-\varepsilon_2 N\sum_{i=1}^{n}\frac{\theta_i\beta^2\sigma^2}{2} \tag{7.1}$$

评委团队成员的确定性等价收入为：

$$\max_{e_{ij}} U=\sum_{j=1}^{N}\sum_{i=1}^{n}(\alpha+\beta e_{ij})-\varepsilon_1 N\sum_{i=1}^{n}\frac{\theta_i\beta^2\sigma^2}{2}-\frac{1}{2}\sum_{j=1}^{N}\left(\frac{1}{2}e_{1j}^2+\frac{1}{2}e_{2j}^2+\cdots+\frac{1}{2}e_{nj}^2\right) \tag{7.2}$$

业务评委的激励相容约束 $IC$ 和参与约束 $IR$ 为：

$$\text{s.t.}\ e_{ij}\in\arg\max\sum_{j=1}^{N}\sum_{i=1}^{n}(\alpha+\beta e_{ij})-\varepsilon_1 N\sum_{i=1}^{n}\frac{\theta_i\beta^2\sigma^2}{2}-\frac{1}{2}\sum_{j=1}^{N}\left(\frac{1}{2}e_{1j}^2+\frac{1}{2}e_{2j}^2+\cdots+\frac{1}{2}e_{nj}^2\right)\quad IC\ (7.3)$$

$$\sum_{j=1}^{N}\sum_{i=1}^{n}(\alpha+\beta e_{ij})-\varepsilon_1 N\sum_{i=1}^{n}\frac{\theta_i\beta^2\sigma^2}{2}-\frac{1}{2}\sum_{j=1}^{N}\left(\frac{1}{2}e_{1j}^2+\frac{1}{2}e_{2j}^2+\ldots+\frac{1}{2}e_{nj}^2\right)\geqslant u_0\quad IR\ (7.4)$$

本章根据 Kuhn-Tucker 最优化条件，采用 Mirrlees 和 Holmstrom 提出的一阶条件方法。评委团队第 $i$ 位成员在评审第 $j$ 个项目，在最优条件下，$IC$ 被 $e_{ij}$ 一阶条件代替，即对评委团队成员在各项业务上付出的努力的变量 $e_{ij}$ 分别求偏导数，并令其等于零，则有式(7.5)：

$$\frac{\sum_{j=1}^{N}\sum_{i=1}^{n}(\alpha+\beta e_{ij})-\varepsilon_1 N\sum_{i=1}^{n}\frac{\theta_i\beta^2\sigma^2}{2}-\frac{1}{2}\sum_{j=1}^{N}\left(\frac{1}{2}e_{1j}^2+\frac{1}{2}e_{2j}^2+\cdots+\frac{1}{2}e_{nj}^2\right)}{\partial e_{ij}}=0\qquad(7.5)$$

$$e_{ij}=2\beta\qquad(7.6)$$

又由于担保企业不会给评委们支付更多，因此式(7.4)的约束条件取等式：

$$\sum_{j=1}^{N}\sum_{i=1}^{n}(\alpha+\beta e_{ij})-\varepsilon_1 N\sum_{i=1}^{n}\frac{\theta_i\beta^2\sigma^2}{2}-\frac{1}{2}\sum_{j=1}^{N}\left(\frac{1}{2}e_{1j}^2+\frac{1}{2}e_{2j}^2+\cdots+\frac{1}{2}e_{nj}^2\right)=u_0\qquad(7.7)$$

将式(7.6)取代式(7.3)，将式(7.7)取代式(7.4)，然后再将式(7.6)和式(7.7)再代入式(7.1)：

$$E=\sum_{j=1}^{N}k_{ij}\left[\sum_{i=1}^{n}e_{ij}+\lambda\left(\sum_{i=1}^{n}e_{ij}\right)^2\right]-\left[u_0+\varepsilon_1 N\sum_{i=1}^{n}\frac{\theta_i\beta^2\sigma^2}{2}+\right.$$
$$\left.\frac{1}{2}\sum_{j=1}^{N}\left(\frac{1}{2}e_{1j}^2+\frac{1}{2}e_{2j}^2+\ldots+\frac{1}{2}e_{nj}^2\right)\right]-\varepsilon_2 N\sum_{i=1}^{n}\frac{\theta_i\beta^2\sigma^2}{2}\qquad(7.8)$$

为便于计算，将 $\sum_{i-1}^{n}\frac{\theta_i\beta^2\sigma^2}{2}$ 中的 $\theta_i$ 用均值 $\bar{\theta}$ 代替，则 $\sum_{i=1}^{n}\frac{\theta_i\beta^2\sigma^2}{2}=\frac{n\bar{\theta}\beta^2\sigma^2}{2}$，则式(7.8)可化为：

$$E=\sum_{j=1}^{N}k_{ij}\left[\left(e_{1j}+\cdots+e_{(i-1)j}+2\beta+e_{(i+1)j}+\cdots+e_{nj}\right)+\lambda\left(e_{1j}+\cdots+e_{(i-1)j}+2\beta+e_{(i+1)j}+\cdots+e_{nj}\right)^2\right]-\left\{u_0+(\varepsilon_1+\varepsilon_2)N\frac{n\bar{\theta}\beta^2\sigma^2}{2}+\frac{1}{2}\sum_{j=1}^{N}\left[\frac{1}{2}e_{1j}^2+\cdots+\frac{1}{2}e_{(i-1)j}^2+\frac{1}{2}(2\beta)^2+\frac{1}{2}e_{(i+1)j}^2+\cdots+\frac{1}{2}e_{nj}^2\right]\right\} \tag{7.9}$$

对式(7.9)中的 $\beta$ 求一阶导数，得到：

$$2k_{ij}+4\lambda(e_{1j}+\ldots+2\beta+\ldots+e_{nj})-(\varepsilon_2+\varepsilon_1)Nn\bar{\theta}\beta^2\sigma^2-2\beta=0$$

$$2k_{ij}+8\lambda\beta+4\lambda(e_{1j}+\ldots+e_{(i-1)j}+e_{(i+1)j}+\ldots+e_{nj})-(\varepsilon_2+\varepsilon_1)Nn\bar{\theta}\beta^2\sigma^2-2\beta=0$$

化简得：

$$\beta^*=\frac{2k_{ij}+4\lambda\left[e_{1j}+\cdots+e_{(i-1)j}+e_{(i+1)j}+\cdots+e_{nj}\right]}{2+(\varepsilon_1+\varepsilon_2)Nn\bar{\theta}\sigma^2-8\lambda} \tag{7.10}$$

为下文探讨激励因子与各影响因素关系分析的方便，本章把 $e_{1j}$、$\cdots$、$e_{(i-1)j}$ 及 $e_{(i+1)j}$、$\cdots$、$e_{nj}$ 之和用( $n-1$)位评委对第 $j$ 项担保业务付出的平均努力的水平 $\bar{e}$ 表示。

$$\beta^*=\frac{2k_{ij}+4\lambda(n-1)\bar{e}}{2+(\varepsilon_1+\varepsilon_2)Nn\bar{\theta}\sigma^2-8\lambda} \tag{7.11}$$

## 7.4 模型的数值仿真

根据担保业务的实践，如下因素对担保评委评审有较大影响：担保评委团队成员协作系数 $\lambda$；担保业务承保数量 $N$；担保评委人数 $n$；评委和担保企业需承担的担保代偿损失比例 $\varepsilon_1$ 和 $\varepsilon_2$。本章运用 Matlab 2017b，通过数值仿真描绘出上述研究参数与最优激励因子的关系。各研究参数取值范围如表 7.1 所示。

根据担保企业实践，中等规模的担保企业每年承保的担保业务在30单左右，担保企业对担保项目评审的评委人数一般为5人或7人。担保评委团队成员协作度取均值0.5，评委风险规避度取均值0.5。如果发生代偿损失，评委需要承担一定比例代偿损失以示惩罚，取值3‰。

表7.1 研究参数取值范围和合理取值表

| 主要参数 | 定义 | 假设中定义的参数取值范围 | 合理取值 | 主要参数 | 定义 | 假设中定义的参数取值范围 | 合理取值 |
|---|---|---|---|---|---|---|---|
| $k_j$ | 担保业务 $j$ 对担保企业评委 $j$ 努力的影响程度 | $0<k_j<1$ | 0.1 | $\lambda$ | 担保评委团队成员协作系数 | $0<\lambda$ | 0.5 |
| $N$ | 担保业务承保数量 | $0 \leqslant N$ | 30 | $n$ | 担保评委人数 | $1<n$ | 5, 7 |
| $\bar{\theta}$ | 评审担保项目中的平均风险规避度 | $0<\bar{\theta}_i$ | 0.5 | $\varepsilon_1$ | 评委需承担的代偿损失比例 | $0<\varepsilon_1<1$ | 0.003 |
| | | | | $\varepsilon_2$ | 担保企业需承担的代偿损失比例 | $0<\varepsilon_2<1$ | 0.95 |
| $\sigma^2$ | 影响风险成本的随机因素的方差 | $0 \leqslant \sigma^2$ | 100 | $\bar{e}$ | $n-1$ 位评委的平均努力水平 | $0<\bar{e}$ | 90 |

### 7.4.1 担保业务评委团队成员协作度与最优激励因子关系的仿真

$$
\begin{aligned}
\frac{\partial\beta^*}{\partial\lambda} &= \frac{\partial \dfrac{2k_{ij}+4\lambda(n-1)\bar{e}}{2+(\varepsilon_1+\varepsilon_2)Nn\bar{\theta}\sigma^2-8\lambda}}{\partial\lambda} \\
&= \frac{4\bar{e}(n-1)\left[2+(\varepsilon_1+\varepsilon_2)Nn\bar{\theta}\sigma^2-8\lambda\right]+8\left[2k_{ij}+4\lambda(n-1)\bar{e}\right]}{\left[2+(\varepsilon_1+\varepsilon_2)Nn\bar{\theta}\sigma^2-8\lambda\right]^2}
\end{aligned} \tag{7.12}
$$

由表7.1参数取值，式(7.12)大于零或小于零是难以确定的，也就是说最优激励因子与评委间协作的变化关系处于不确定状态，需要通过数值仿真进一步研究。此外，为同时反映评委人数和项目承保的业务量两个参数的影响，图7.1中还分别比较了在这两个参数不同的情况下，评委团队成员协作度与激励因子的关系。

从图7.1可知，在同等担保业务量 $N$ 和评委人数 $n$ 下，随着评委团队成员间的协作度 $\lambda$ 的增加，对其激励强度也应增强。因为在同等担保业务量 $N$ 和评委人数 $n$ 条件下，评委团队成员间协作度 $\lambda$ 增加，意味着每位评委团队成员要多付出努力，才能很好地配合完成担保评审，因此要强化激励强度。再从图

7.1（a）可知，在评委团队成员同水平的协作度下，在同等担保业务量情况下，随着评委团队成员人数的增多，对其激励强度应增强；反之，如果减小激励强度，将弱化评委团队成员间的协作度，不利于项目评审。从图7.1（b）可知，在评委团队成员同水平的协作度下，在评委团队成员人数一定情况下，随着承保的担保业务量的增多，对其激励强度应减小。担保企业通过评审得到的承保业务量越多，说明评委把关有可能不严，可能导致后续的代偿风险，因此应适度减小对其激励强度。

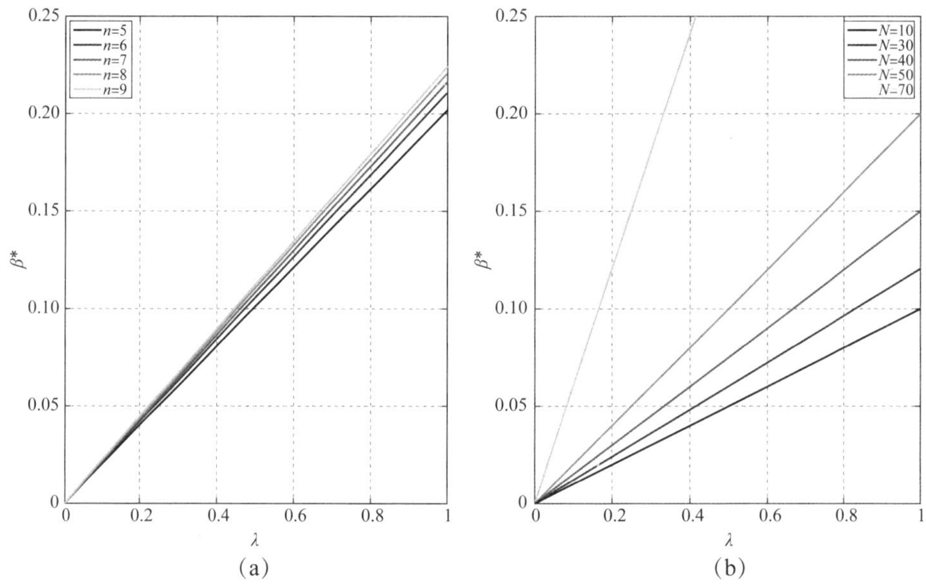


图7.1　评委团队成员协作度与最优激励因子的关系

### 7.4.2　担保业务评委团队成员承担的担保代偿损失比例与最优激励因子关系的仿真

$$\frac{\partial\beta^*}{\partial\varepsilon_1}=\frac{\partial\dfrac{2k_{ij}+4\lambda(n-1)\overline{e}}{2+(\varepsilon_1+\varepsilon_2)Nn\overline{\theta}\sigma^2-8\lambda}}{\partial\varepsilon_1}=-\frac{\left[2k_{ij}+4\lambda(n-1)\overline{e}\right]}{\left[2+(\varepsilon_1+\varepsilon_2)Nn\overline{\theta}\sigma^2-8\lambda\right]^2}Nn\overline{\theta}\sigma^2 \quad (7.13)$$

由表7.1所示的参数的合理取值，可以判断出式(7.13)的分子必大于零，因

此有 $\frac{\partial \beta^*}{\partial \varepsilon_1} < 0$。将担保团队人数 $n$、担保企业年承保的业务量 $N$ 设为次要研究参数，利用 Matlab 17b 仿真工具，得到如图 7.2 所示的仿真结果。

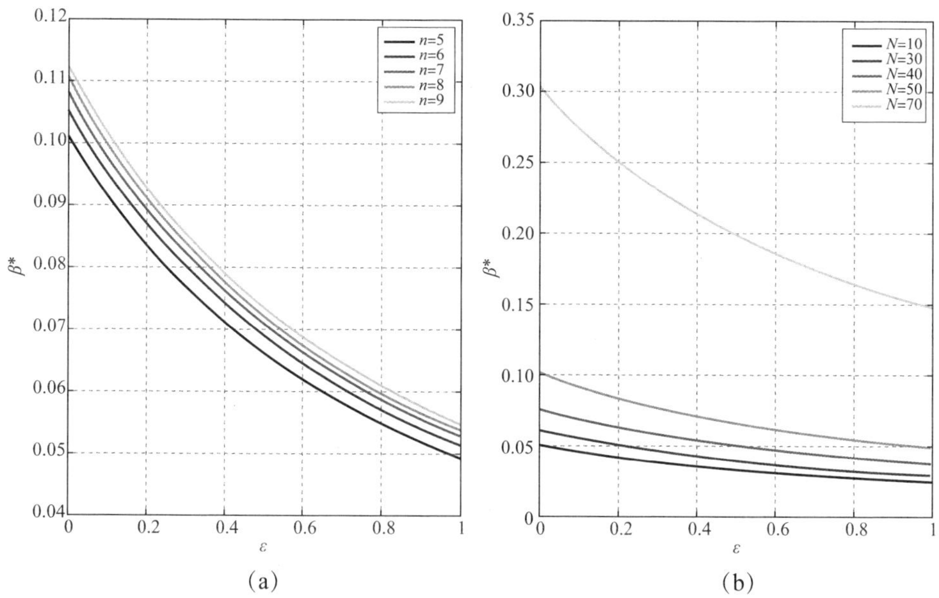


图7.2　担保评委团队承担代偿风险的比例与最优激励因子的关系

由图 7.2 可知，在同等担保业务量和评委人数下，随着评委团队成员承担代偿风险比例 $\varepsilon$ 增加，对评委团队成员的正激励强度应减小。由图 7.2（a）可知，在评委团队成员承担代偿风险比例 $\varepsilon$ 保持不变的条件下，随着评委人数的增加，对业务评委团队成员的正激励应该增加。由图 7.2（b）可知，在评委团队成员承担代偿风险比例 $\varepsilon$ 保持不变条件下，随着评委审核业务量的增加，对业务评委团队成员的正激励应该减小。

对图 7.2 解释如下：随着担保评委团队承担代偿风险的比例 $\varepsilon$ 增加，对评委团队总的激励强度呈减小趋势。而当承保的担保业务量一定时，随着评委人数增加，应增加对其激励的强度；而当评委人数一定时，随着承保的担保业务量增加，应减少对其激励的强度。这是因为，由于担保业务评委失职造成担保代偿损失，如果承担担保代偿风险的比例增加，意味着对其惩罚加强，相应地，对其激励的强度总体上应减小。但是在激励强度总的减小趋势下，当评委人数增加时，对项目评审的把关作用加强了，也增加了评委间协作的工作量，评委需要多付出努力，圆满完成评审任务，因此应适当增大对其激励强度。而当担保承保业务量增加时，为防控担保风险，则应适当减小对评委的激励强度。

### 7.4.3 担保业务评委的人数规模、年承保的业务量与最优激励因子关系的仿真

$$\frac{\partial\beta^*}{\partial n}=\frac{\partial\dfrac{2k_{ij}+4\lambda(n-1)\overline{e}}{2+(\varepsilon_1+\varepsilon_2)Nn\overline{\theta}\sigma^2-8\lambda}}{\partial n}$$

$$=\frac{4\lambda\overline{e}\left[2+(\varepsilon_1+\varepsilon_2)Nn\overline{\theta}\sigma^2-8\lambda\right]-(\varepsilon_1+\varepsilon_2)N\overline{\theta}\sigma^2\left[2k_{ij}+4\lambda(n-1)\overline{e}\right]}{\left[2+(\varepsilon_1+\varepsilon_2)Nn\overline{\theta}_i\sigma^2-8\lambda\right]^2} \quad (7.14)$$

由表7.1所示的变量合理取值可知，式(7.14)的一阶导数大于零或小于零难以确定。这也就是说最优激励因子与评委人数的变化关系处于不确定状态。运用Matlab 2017b，通过数值仿真描绘出担保评委团队成员人数$n$和年承保的担保业务量$N$与最优激励因子$\beta$之间的关系。

图7.3综合反映了评委在同等协作度水平下，评委团队人数、评审业务量多少与最优激励因子的关系。图7.3是同一仿真图形的左视图和右视图，便于读者从不同角度观察。由图7.3可知，评委人数在10位左右，年承保的担保业务量在30单左右，这时对评委团队成员的激励强度应最大，而且评委能有效兼顾承保业务的风险防控和一定的业务量承保。而当担保业务量逐渐增加或担保评委人数减少时，对评委团队的激励强度都应减小，以督促其提高对担保风险的防范意识。这是因为担保业务量的增多有可能是担保风险把关不严所致，而评委人数减少导致担保评审协作度降低，又会造成审查担保项目不够系统全面。

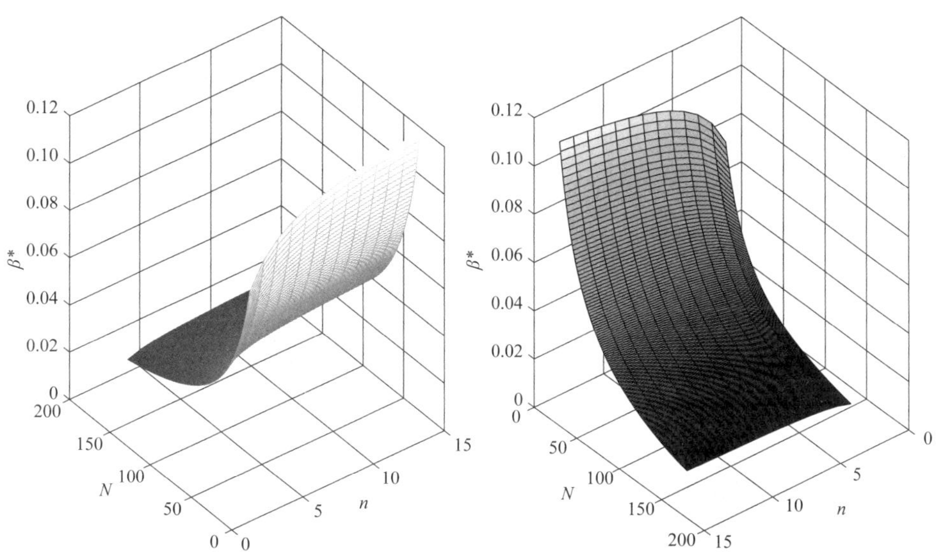


图7.3　评委团队人数 $\boldsymbol{n}$、担保业务量 $\boldsymbol{N}$ 与最优激励因子 $\boldsymbol{\beta^*}$ 的关系

## 7.5　模型的稳定性分析

本章下面要考察评委团队成员经验和能力、评委团队合作度、评委团队成员道德敏感度、评委团队人数以及评委团队成员努力的标准这五个研究参数的变动，对式(7.11)的影响。设置这五个研究参数分别变动 ±5%、±10%、±15%。当其中一个研究参数变动时，其他研究参数保持不变。笔者采用了计算较为简便的局部敏感度分析[70]的敏感性系数法。研究参数敏感性系数 =| 函数的变动百分比 / 研究参数的变动百分比 |= $\left|\dfrac{\Delta f / f}{\Delta x / x}\right|$，其中，$x$ 为研究参数，$f$ 为目标函数。

根据表7.2的研究参数敏感性参数可知。当参数 $\lambda$、$N$、$n$、$\varepsilon_1$、$\varepsilon_2$ 单独变动 ±5%、±10%、±15% 时，式(7.11)分别变动3‰左右、3‰左右、2‰左右、1‰左右、1‰左右。这表明模型受参数变化影响不大，研究模型稳定。

表7.2 研究参数敏感性参数表

| 研究参数 | −15% | −10% | −5% | 5% | 10% | 15% |
|---|---|---|---|---|---|---|
| $\lambda$ | 0.003 6 | 0.003 3 | 0.003 0 | 0.003 1 | 0.003 2 | 0.003 5 |
| $N$ | 0.002 7 | 0.002 9 | 0.003 0 | 0.003 5 | 0.003 8 | 0.004 2 |
| $n$ | 0.002 9 | 0.002 0 | 0.001 70 | 0.001 71 | 0.002 4 | 0.002 7 |
| $\varepsilon_1$ | 0.001 9 | 0.001 9 | 0.001 85 | 0.001 6 | 0.001 7 | 0.001 7 |
| $\varepsilon_2$ | 0.001 4 | 0.001 3 | 0.001 1 | 0.001 1 | 0.001 4 | 0.001 5 |

## 7.6 研究结论

(1) 在年担保承保业务量和评委人数一定的情况下，随着评委成员间协作度的增加，对评委团队总体的激励强度应增大。在评委间协作度水平相同且年担保承保业务量一定的条件下，随着评委人数的增多，对其激励强度应增大。在评委间协作度水平相同且评委人数一定的条件下，随着年担保承保业务量的增多，对其激励强度应减小。

(2) 随着担保评委团队承担代偿风险的比例增加，对评委团队总的激励强度呈减小趋势。而当承保的担保业务量一定时，随着评委人数增加，应增大对其激励的强度；而当评委人数一定时，随着承保的担保业务量增加，应减小对其激励的强度。

(3) 在担保评委间协作度一定的情况下，则评委团队人数规模10位左右，且年承保的担保业务量在30单左右，应给予评委团队成员的激励强度最大。而随着年承保的担保业务量增多且评委团队成员人数减少，给予评委团队成员的激励强度应逐渐减小。

# 第 8 章　基于团队两阶段道德风险模型的担保企业评委激励机制

在业务评审阶段，当担保业务担保额超过一定限额，有些担保企业出于控制担保风险的考虑，会组织更高级别的业务评委对担保项目进行二次评审。这个二次评审一般称为评审会评审，原业务评委团队成员可能会增加几位资深的评委，也可能将全部成员换为更高级别的资深评委。

目前学术界有关多阶段道德风险的研究大都是针对物流供应链企业进行研究的，团队道德风险一般也仅局限于团队成员有限的情况，少有关于团队道德风险与两阶段道德风险相结合的研究。本章基于团队道德风险和两阶段道德风险模型，运用经济学激励理论与最优化算法，以担保企业业务评委为研究对象，构建复合式团队两阶段道德风险模型，运用 Matlab 2017b 软件仿真技术揭示了在业务评审阶段，两阶段评委团队的影响因子、团队成员协作度、担保评委人数、道德敏感度与最优激励因子的关系。

## 8.1　担保业务评委团队两阶段道德风险的问题描述

在担保企业中，评议会评委由中级评委组成，评审会评委大多由高级资深评委组成。如果担保额度超过一定金额，就有必要进行两级业务评审。担保企业评议会评委的审核结果会对评审会审核产生影响。具体言之，有可能产生两种评议结果：其一，评议会评委把关尺度控制不好，过于严格审核，甚至把优质的担保项目误判淘汰；其二，评议会评委对于超过权限担保额度的项目疏于审核，而把风控责任推给评审会评委，从而加重了评审会的审核工作负担，降低了审核效率。此外，评审会评委也存在把关尺度问题，过紧过松都不利于业务开展和风险控制。因此，必须采取措施，对评议会评委的道德风险行为加以控制，对评审会评委的道德风险行为也要加以控制。

根据绪论部分的经济学道德风险的定义，本章研究的问题中，两阶段评委团队成员与担保企业签订聘用契约后评审业务，评委团队成员隐藏自己的信息或行为，在担保业务评审阶段可能做出与委托人——担保企业利益相违背的行为，因此属于典型的经济学道德风险。

## 8.2 团队两阶段道德风险模型的基本假设

本章假设委托人为担保企业，不失一般性，假设代理人评议会阶段有 $n$ 位评委，代理人评审会阶段有 $N$ 位评委。评委团队成员在审核担保业务时，其努力是不可观察的，也不可验证，存在信息不对称而发生道德风险的可能。

**假设1：**由于评委努力工作给担保企业带来的总收益用 $S$ 表示，借鉴 Axtell[78] 有关团队产出的函数形式：

$$P(e_i)=(e_1+e_2+\cdots+e_n)+\lambda(e_1+e_2+\cdots+e_n)^2$$

式中，$\lambda$ 为评委团队成员协作系数，$\lambda=0$ 表示评委成员间无协作，$\lambda>0$ 表明评委成员间存在协作效应，$e_i$ 为第 $i$ 位评委的努力。因此，担保企业由于评议会评委和评审会评委努力工作给担保企业带来的年担保收入总额为：

$$S=\left[\sum_{i=1}^{n}e_{1i}+\lambda_1\left(\sum_{i=1}^{n}e_{1i}\right)^2\right]+\left[\sum_{i=1}^{n}\varepsilon e_{1i}+\lambda_1\left(\sum_{i=1}^{n}\varepsilon e_{1i}\right)^2\right]+\left[\sum_{j=1}^{N}e_{2j}+\lambda_2\left(\sum_{j=1}^{N}e_{2j}\right)^2\right]$$

式中，$e_{1i}$ 为评委 $i$ 在担保评议会阶段的努力，$e_{2j}$ 为评委 $j$ 在担保评审会阶段的努力，$\lambda_1$ 为评议会评委间协作系数，$\lambda_2$ 为评审会评委间协作系数，$\varepsilon$ 为评议会阶段评委的努力对评审会阶段评委的努力影响因子，该影响因子大，表明担保金额超过评议会评委的限额，必须由评审会评委再次把关。

假设2：基于 Holmstrom 和 Milgrom 的研究[66]，努力成本增加速度随努力程度的增加而递增。本研究拓展为两个阶段：第一阶段评议会评委成本 $C_1=\frac{1}{2}\sum_{i=1}^{n}e_{1i}^2$，第二阶段评审会评委成本 $C_2=\frac{1}{2}\sum_{j=1}^{N}e_{2j}^2$，其他参数含义同假设1。

假设3：传统的激励模型是用线性函数表示的，本章也采用 Holmstrom 和 Milgrom[66] 的激励模型，则担保企业对评委团队在评议会和评审会两阶段担保评审工作中支付的总报酬为：$\omega(e_{ij})=\left[\alpha+\beta_1\sum_{i=1}^{n}e_{1i}\right]+\left[\alpha+\beta_2\sum_{j=1}^{N}e_{2j}\right]$（式中，$\alpha$ 为评委的固定薪酬，$\beta_i$ 为第 $i$ 阶段对评委的激励因子，其他参数含义同假设1）。

假设4：风险控制是担保企业第一要务，评委对待风险大多持风险规避态度。根据相关文献 [68] 的研究，在评委评审的担保项目中，担保风险成本：$C(\theta)=\frac{\theta\mathrm{Var}(s)}{2}=\frac{\theta(\beta_1+\beta_2)^2\sigma^2}{2}$，其中 $\theta$ 为评委在评审担保项目中的风险规避度（$\theta>0$），$\sigma^2$ 为影响风险成本的随机因素的方差，其他参数含义同假设3。

假设5：担保企业评委的职业道德意识对其道德风险影响最大。笔者借鉴 Stevens 和 Thevaranjan[67] 关于道德敏感度的研究，在传统的激励模型中加入评委的道德敏感度 $m$ 和责任感因子 $p$。以道德敏感度 $m$ 为例说明，假设 $a$ 为评委成员遵守职业道德规范而付出的努力，$s$ 为制度规定职业道德标准应付出的努力，那么，由于评委职业道德原因导致的行为偏离业务尽职调查制度规定而付出的努力的偏差程度为 $(s^2-a^2)/2$，该偏差值在范围 $(0,\ s^2/2)$ 内变化，因此，在评议会和评审会两个阶段，对尽职调查制度标准 $S_1$ 和 $S_2$ 的违反程度 $\delta_1$ 和 $\delta_2$ 就可以表示为：$\delta_1=1-\frac{a_1^2}{s_1^2}$ 和 $\delta_2=1-\frac{a_2^2}{s_2^2}$。本章把这种付出的努力成本表示为：

$$C(m_1,m_2,e_{1i},e_{2j})=m_1\left(1-\sum_{i=1}^{n}e_{1i}^2\Big/s_1^2\right)+m_2\left(1-\sum_{j=1}^{N}e_{1j}^2\Big/s_2^2\right)$$

$$=m_1\left[1-\frac{(e_{11}^2+e_{12}^2+\cdots+e_{1n}^2)}{s_1^2}\right]+m_2\left[1-\frac{(e_{21}^2+e_{22}^2+\cdots+e_{2N}^2)}{s_2^2}\right]$$

式中，$e_{1n}$ 为在评议会阶段第 $n$ 位评委的努力水平；$e_{2N}$ 为在评审会阶段第 $N$ 位评委的努力水平；$m_1$ 为评议会阶段评委的平均道德敏感度；$m_2$ 为评审会阶段评委的平均道德敏感度。

## 8.3 模型的构建与求解

委托人担保企业的期望效用为：

$$E=\left[\sum_{i=1}^{n}e_{1i}+\lambda_1\left(\sum_{i=1}^{n}e_{1i}\right)^2\right]+\left[\sum_{i=1}^{n}\varepsilon e_{1i}+\lambda_1\left(\sum_{i=1}^{n}\varepsilon e_{1i}\right)^2\right]+\left[\sum_{j=1}^{N}e_{2j}+\lambda_2\left(\sum_{j=1}^{N}e_{2j}\right)^2\right]-$$

$$\left(\frac{1}{2}\sum_{i=1}^{n}e_{1i}^2+\frac{1}{2}\sum_{j=1}^{N}e_{2j}^2\right)-\left[\left(\alpha+\beta_1\sum_{i=1}^{n}e_{1i}\right)+\left(\alpha+\beta_2\sum_{j=1}^{N}e_{2j}\right)\right] \quad (8.1)$$

代理人担保评委团队成员在两个评审阶段的确定性等价收入为：

$$\max_{e_{ij}}U=\left[\left(\alpha+\beta_1\sum_{i=1}^{n}e_{1i}\right)+\left(\alpha+\beta_2\sum_{j=1}^{N}e_{2j}\right)\right]-\frac{\theta(\beta_1+\beta_2)^2\sigma^2}{2}-$$

$$\left[m_1\left(1-\sum_{i=1}^{n}e_{1i}^2\Big/s_1^2\right)+m_2\left(1-\sum_{j=1}^{N}e_{1j}^2\Big/s_2^2\right)\right] \quad (8.2)$$

评委的激励相容约束 $IC$ 和参与约束 $IR$ 为：

$$\text{s.t. } e_{ij}\in\arg\max\left[\left(\alpha+\beta_1\sum_{i=1}^{n}e_{1i}\right)+\left(\alpha+\beta_2\sum_{j=1}^{N}e_{2j}\right)\right]-\frac{\theta(\beta_1+\beta_2)^2\sigma^2}{2}-$$

$$\left[m_1\left(1-\sum_{i=1}^{n}e_{1i}^2\Big/s_1^2\right)+m_2\left(1-\sum_{j=1}^{N}e_{1j}^2\Big/s_2^2\right)\right] \quad IC\ (8.3)$$

$$\left[\left(\alpha+\beta_1\sum_{i=1}^{n}e_{1i}\right)+\left(\alpha+\beta_2\sum_{j=1}^{N}e_{2j}\right)\right]-\frac{\theta(\beta_1+\beta_2)^2\sigma^2}{2}-$$
$$\left[m_1\left(1-\sum_{i=1}^{n}e_{1i}^2\Big/s_1^2\right)+m_2\left(1-\sum_{j=1}^{N}e_{1j}^2\Big/s_2^2\right)\right]\geqslant u_0 \qquad IR \quad (8.4)$$

式中，$u_0$ 为评委的保留效用。本书根据 Kuhn-Tucker 最优化条件，采用 Mirrlees 和 Holmstrom 提出的一阶条件方法。以评委 $i$ 在评议会阶段和评委 $j$ 在评审会阶段的评审为例，在最优条件下，$IC$ 分别被 $e_{1i}$ 和 $e_{2j}$ 一阶条件代替，即对评委在两个阶段业务审理上付出努力 $e_{1i}$ 和 $e_{2j}$ 分别求偏导数，并令其为零，则有式(8.5)和式(8.6)：

$$e_{1i}=-\frac{\beta_1 s_1^2}{2m_1} \tag{8.5}$$

$$e_{2j}=-\frac{\beta_2 s_2^2}{2m_2} \tag{8.6}$$

又由于担保企业不会给评委们支付更多，故式(8.4)约束条件中取等式为：

$$\begin{aligned}&\left[\left(\alpha+\beta_1\sum_{i=1}^{n}e_{1i}\right)+\left(\alpha+\beta_2\sum_{j=1}^{N}e_{2j}\right)\right]-\frac{\theta(\beta_1+\beta_2)^2\sigma^2}{2}-\\&\left[m_1\left(1-\sum_{i=1}^{n}e_{1i}^2\Big/s_1^2\right)+m_2\left(1-\sum_{j=1}^{N}e_{1j}^2\Big/s_2^2\right)\right]=u_0\end{aligned} \tag{8.7}$$

将式(8.5)、式(8.6)和式(8.7)替代式(8.3)和式(8.4)，再代入式(8.1)：

$$\begin{aligned}E=&\left[\sum_{i=1}^{n}e_{1i}+\lambda_1\left(\sum_{i=1}^{n}e_{1i}\right)^2\right]+\left[\sum_{i=1}^{n}\varepsilon e_{1i}+\lambda_1\left(\sum_{i=1}^{n}\varepsilon e_{1i}\right)^2\right]+\left[\sum_{j=1}^{N}e_{2j}+\lambda_2\left(\sum_{j=1}^{N}e_{2j}\right)^2\right]-\\&\left(\frac{1}{2}\sum_{i=1}^{n}e_{1i}^2+\frac{1}{2}\sum_{j=1}^{N}e_{2j}^2\right)-u_0-\frac{\theta(\beta_1+\beta_2)^2\sigma^2}{2}-\\&\left[m_1\left(1-\sum_{i=1}^{n}e_{1l}^2\Big/s_1^2\right)+m_2\left(1-\sum_{j=1}^{N}e_{1j}^2\Big/s_2^2\right)\right]\end{aligned} \tag{8.8}$$

式中，$e_{1i}=-\dfrac{\beta_1 s_1^2}{2m_1}$，$e_{2j}=-\dfrac{\beta_2 s_2^2}{2m_2}$。

对式(8.8)的$\beta_1$和$\beta_2$分别求一阶导数，其中$\sum_{i=1}^{n} e_{1i}$用$ne_{1i}=-\frac{\beta_1 s_1^2}{2m_1}n$代替，$\sum_{j=1}^{N} e_{2j}$用$Ne_{2j}=-\frac{\beta_2 s_2^2}{2m_2}N$代替，得到：

$$\beta_1=\frac{\left(\frac{s_1^2}{2m_1}+\varepsilon\frac{s_1^2}{2m_1}+e_{1i}\right)\left(\frac{s_2^2}{2m_2}\frac{s_2^2}{2m_2}+\theta\sigma^2+\frac{s_2^2}{2m_2}\right)-\theta\sigma^2\left(\frac{s_2^2}{2m_2}-\frac{\beta_2 s_2^2}{2m_2}\right)}{\left(n\lambda_1\frac{s_1^2}{m_1}\frac{s_1^2}{2m_1}+2\varepsilon n\lambda_1\frac{s_1^2}{2m_1}\frac{s_1^2}{2m_1}-\frac{s_1^2}{2m_1}\frac{s_1^2}{2m_1}+\frac{s_1^2}{2m_1}-\theta\sigma^2\right)\left(\frac{s_2^2}{2m_2}\frac{s_2^2}{2m_2}+\theta\sigma^2+\frac{s_2^2}{2m_2}\right)-\theta\sigma^2\left(\lambda_2\frac{s_2^2}{m_2}\frac{s_1^2}{2m_1}N-\theta\sigma^2\right)} \tag{8.9}$$

$$\beta_2=\frac{\left(\frac{s_1^2}{2m_1}+\varepsilon\frac{s_1^2}{2m_1}+e_{1i}\right)\left(\lambda_2\frac{s_2^2}{m_2}\frac{s_1^2}{2m_1}N-\theta\sigma^2\right)-\left(n\lambda_1\frac{s_1^2}{m_1}\frac{s_1^2}{2m_1}+2\varepsilon n\lambda_1\frac{s_1^2}{2m_1}\frac{s_1^2}{2m_1}-\frac{s_1^2}{2m_1}\frac{s_1^2}{2m_1}+\frac{s_1^2}{2m_1}-\theta\sigma^2\right)\left(\frac{s_2^2}{2m_2}-\frac{\beta_2 s_2^2}{2m_2}\right)}{\left(n\lambda_1\frac{s_1^2}{m_1}\frac{s_1^2}{2m_1}+2\varepsilon n\lambda_1\frac{s_1^2}{2m_1}\frac{s_1^2}{2m_1}-\frac{s_1^2}{2m_1}\frac{s_1^2}{2m_1}+\frac{s_1^2}{2m_1}-\theta\sigma^2\right)\left(\frac{s_2^2}{2m_2}\frac{s_2^2}{2m_2}+\theta\sigma^2+\frac{s_2^2}{2m_2}\right)-\theta\sigma^2\left(\lambda_2\frac{s_2^2}{m_2}\frac{s_1^2}{2m_1}N-\theta\sigma^2\right)} \tag{8.10}$$

由式(8.9)和式(8.10)可知，难于通过观察或求偏导数了解研究参数与激励因子之间的关系，故下文运用 Matlab 2017b 工具绘制仿真图展示其关系。

## 8.4 模型的数值仿真

根据最优激励函数式(8.9)和式(8.10)，选取与评委评审担保业务密切相关的因素进行分析，并进行激励机制设计。根据担保业务的实践，式(8.9)和式(8.10)中如下参数对担保评委评审有可能存在较大影响：评议会阶段评委努力对评审会阶段评委努力的影响因子$\varepsilon$，评议会和评审会阶段担保评委团队成员的协作系数$\lambda_1$和$\lambda_2$，评议会阶段和评审会阶段评委的道德敏感度$m_1$和$m_2$，担保评委评议会人数$n$，担保评委评审会人数$N$。本章各研究参数取值范围如表8.1所示。

表8.1　研究参数取值范围和合理取值表

| 主要参数 | 定义 | 参数取值范围 | 合理取值 | 主要参数 | 定义 | 参数取值范围 | 合理取值 |
|---|---|---|---|---|---|---|---|
| $\lambda_1$、$\lambda_2$ | 担保评委团队成员协作系数 | $0<\lambda_1,\lambda_2$ | 0.5 | $\varepsilon$ | 评议会阶段评委的努力对评审会阶段评委的努力影响因子 | $0<\varepsilon<1$ | 0.5 |
| $n$ | 担保评委评议会人数 | $1<n$ | 5, 7 | $N$ | 担保评委评审会人数 | $1\leqslant N$ | 5, 7 |
| $\theta$ | 评委风险规避度 | $0<\theta$ | 0.5 | $m_1$、$m_2$ | 评议会阶段评委道德敏感度，评审会阶段评委道德敏感度 | $0<m_1,m_2<1$ | 0.5 |
| $\sigma^2$ | 影响风险成本的随机因素的方差 | $0\leqslant\sigma^2$ | 100 | $s_1$、$s_2$ | 制度规定的评议会阶段评委努力标准；制度规定的评审会阶段评委努力标准 | $0<s_1,s_2$ | 90 |

## 8.4.1　评委团队两阶段努力影响因子和评委人数与最优激励因子关系的仿真

以两阶段努力影响因子 $\varepsilon$ 为 $x$ 轴，分别以两阶段的评委人数 $n$ 和 $N$ 为 $y$ 轴，以两阶段的最优激励因子 $\beta_1^*$ 和 $\beta_2^*$ 为 $z$ 轴，绘制仿真图8.1。

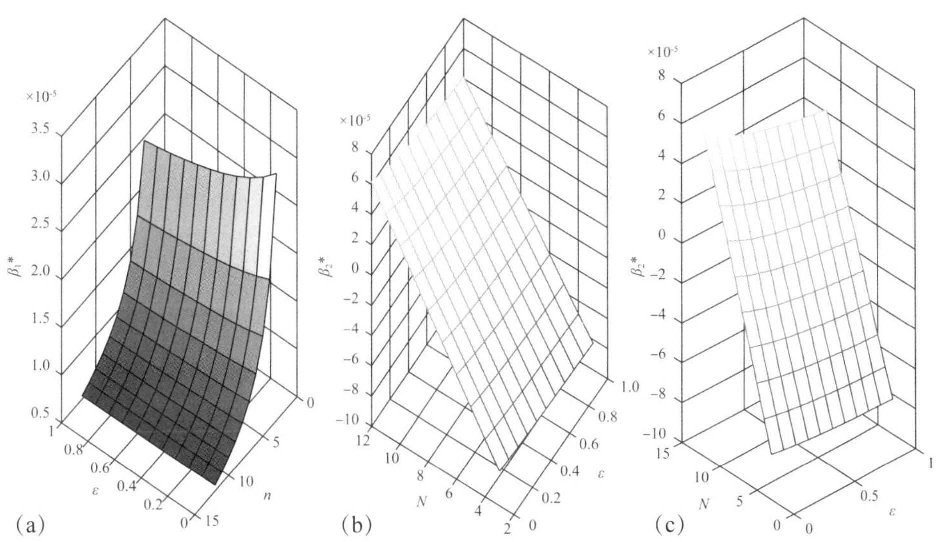


图8.1　评委团队两阶段努力的影响因子和评委人数与最优激励因子关系

图8.1（a）为评议会阶段，由该分图可知，随着该阶段评委人数 $n$ 的增加，对该阶段评委的激励强度减小。当评议会评委在3~5人且两阶段影响因子偏

小时，给予该阶段评委的激励强度最大。图8.1（b）和图8.1（c）展示的为评审会阶段，随着该阶段评委人数 $N$ 的增加，对该阶段评委的激励强度应增大。当评审会评委为12~13人且两阶段影响因子偏小时，对该阶段评委的激励强度最大。此外，评议会和评审会两阶段之间的努力影响因子对激励强度的影响并不显著。

现对图8.1解释如下：担保企业评议会评委和评审会评委分别由高级业务经理和资深业务经理组成。两阶段评委努力的影响因子表明第一阶段的评委努力对第二阶段的评委努力是否有影响。该影响因子越大，表明担保项目已超过评议会评审项目的担保额的限额，而且该项目担保风险也有可能较大，必须经评议会和评审会两级评委的评审；如果该影响因子为零，表明没有超过评议会评审项目的担保额的限额，由评议会评审就可决策判断是否能承保该业务。另外，在评议会阶段，评委人数增加，评委间协作和沟通难度加大，评审意见难以达成一致，故评委的人数不宜过多。因此评委人数越多，就应减小对评议会阶段评委的激励强度。最后，只有那些担保额超过评议会评审权限的项目，才会提交评审会进行二审，这样的担保项目风险有可能很大。评审会阶段的评委一般为担保企业高级资深评委，为调动其评审的积极性，即使评委人数较多，也应给予其较高的激励。

### 8.4.2 两阶段评委团队成员协作系数和评委人数与最优激励因子关系的仿真

评议会和评审会阶段担保评委团队成员协作系数 $\lambda_1$ 和 $\lambda_2$，两阶段的评委的人数 $n$ 和 $N$，以及两阶段的激励因子 $\beta_1^*$ 和 $\beta_2^*$，将三者的关系通过数值仿真的形式展示出来，绘制图8.2（a）。同时，以评审会阶段担保评委团队成员协作系数 $\lambda_2$ 为 $x$ 轴，以评审会评委人数 $N$ 为 $y$ 轴，以评审会激励因子 $\beta_2^*$ 为 $z$ 轴，绘制图8.2（b）。

由图8.2（a）可知，在评议会阶段，评委人数一定情况下，当评委间协作

度 $\lambda_1$ 低于0.1时，随着协作度增加，对该阶段评委的激励强度大幅度递增；而当评委间的协作度在0.1~0.2时，随着协作度增加，对该阶段评委的激励强度大幅度减小；而当评委间的协作度高于0.2时，随着协作度增加，对该阶段评委的激励强度逐渐趋向零。另外，在评委间协作度一定的情况下，随着评议会评委人数的减少，对该阶段评委的激励强度应略增。由图8.2（b）可知，在评审会阶段，随着评审会阶段评委间协作度的增加且评委人数 $N$ 的增加，对评审会评委应增大正激励强度。

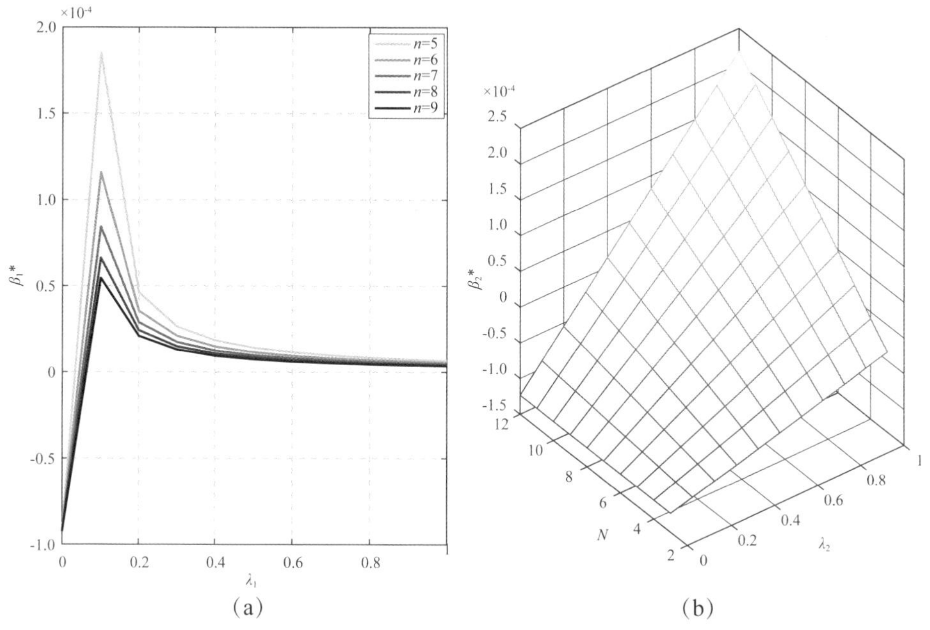


（a）　　　　（b）

图8.2　两阶段评委协作度和评委人数与最优激励因子关系

现对图8.2解释如下：在评审项目的过程中，评委团队成员一方面独立评审并出具独立评审意见，另一方面，评委间的协作对于项目整体风险的防控是很重要的。在评议会阶段，评委间的协作度处于偏低水平，表明评委团队对于项目整体风险的把关可能存在问题，需要对其加强激励。而评委间协作度逐渐提高时，表明对项目整体风险把关能力强，对其不必再施以强激励。另外，由组织行为学群体规范原理可知，群体规模维持在5~7人对组织绩效更有利[24]。

故在评委间协作度一定的情况下，评议会评委人数过多，加大彼此沟通协作的难度，不利于评审意见统一。而评审会阶段是对担保金额大且风险大的项目的最后把关，评委团队成员均为高级评委。为激励该阶段评委评审的积极性，应对评审会阶段评委予以高强度激励。

### 8.4.3 两阶段评委道德敏感度和评委人数与最优激励因子关系的仿真

分别以评议会和评审会的担保评委团队成员道德敏感度为 $m_1$ 和 $m_2$ 为 $x$ 轴，分别以两阶段的评委的人数 $n$ 和 $N$ 为 $y$ 轴，以两阶段的最优激励因子 $\beta_1^*$ 和 $\beta_2^*$ 为 $z$ 轴，绘制图8.3。

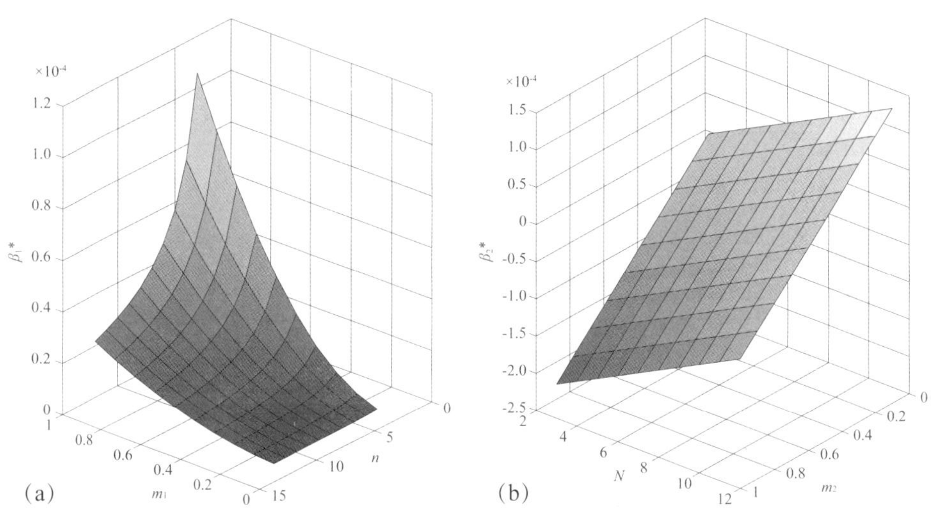


图8.3 两阶段评委道德敏感度和评委人数与最优激励因子关系

由图8.3（a）可知，在评议会阶段，随着评议会评委人数 $n$ 的增加且评委道德敏感度 $m_1$ 的减小，对该阶段评委的激励强度应减小。而当评议会评委人数为3人左右、评委道德敏感度为0.8左右时，对其激励强度应最大。由图8.3（b）可知，在评审会阶段，随着评审会评委人数 $N$ 的增加且评委道德敏感度 $m_2$ 的减小，对增大该阶段评委的正激励。

现对图8.3解释如下：在评议会阶段，评委人数越多，评审意见越难以统一，沟通难度越大。而评委的道德敏感度小意味着评委不能有效约束自己道德行为，不能客观公正地评审。因此，如该阶段的评委人数多且道德敏感度小，应减小激励强度。在评审会阶段，担保企业对那些担保金额大且风险大的项目进行最终把关，评委团队成员大多为高级评委。为激励该阶段评委的评审积极性，应对其施以正激励。

## 8.5　模型的稳定性分析

本章下面要考察评委团队成员两阶段的努力影响因子、两阶段评委团队人数、评委团队合作度、评委团队成员道德敏感度四个研究参数的变动，对式(8.9)和式(8.10)的影响。设置这四个研究参数分别变动 ±5%、±10%、±15%当其中一个研究参数变动时，其他研究参数保持不变。笔者采用了计算较为简便的局部敏感度分析 [70] 的敏感性系数法。研究参数敏感性系数 =| 函数的变动百分比 / 研究参数的变动百分比 |= $\left|\frac{\Delta f / f}{\Delta x / x}\right|$，其中 $x$ 为研究参数，$f$ 为目标函数。

表8.2　激励模型研究参数敏感性参数表

| 研究参数 | −15% | −10% | −5% | 5% | 10% | 15% |
|---|---|---|---|---|---|---|
| 评议会激励模型研究参数——式（8.9） | | | | | | |
| $\varepsilon$ | 0.001 6 | 0.001 3 | 0.001 0 | 0.001 1 | 0.001 2 | 0.001 5 |
| $n$ | 0.002 5 | 0.002 7 | 0.003 0 | 0.003 1 | 0.003 2 | 0.003 2 |
| $\lambda_2$ | 0.001 9 | 0.002 0 | 0.001 7 | 0.001 81 | 0.002 1 | 0.002 1 |
| $m_1$ | 0.001 9 | 0.001 9 | 0.001 85 | 0.001 6 | 0.001 7 | 0.001 7 |
| 评审会激励模型研究参数——式（8.10） | | | | | | |
| $\varepsilon$ | 0.002 1 | 0.002 4 | 0.002 3 | 0.002 1 | 0.002 2 | 0.002 5 |
| $N$ | 0.002 8 | 0.002 9 | 0.003 0 | 0.003 3 | 0.003 2 | 0.003 1 |
| $\lambda_1$ | 0.001 9 | 0.002 1 | 0.001 8 | 0.001 91 | 0.002 3 | 0.002 2 |
| $m_2$ | 0.001 6 | 0.001 5 | 0.001 5 | 0.001 4 | 0.001 3 | 0.001 4 |

根据表8.2的研究参数敏感性参数可知，当参数 $\varepsilon$ 单独变动 ±5%、10%、±15% 时，式(8.9)和式(8.10)的变动在1‰和2‰左右；当参数 $n$ 和 $N$ 单独变动 ±5%、±10%、±15% 时，式(8.9)和式(8.10)的变动在3‰左右；当参数 $\lambda_1$ 和 $\lambda_2$ 单独变动 ±5%、±10%、±15% 时，式(8.9)和式(8.10)的变动在2‰左右；当参数 $m_1$ 和 $m_2$ 单独变动 ±5%、±10%、±15% 时，模型式(8.9)和式(8.10)的变动在1.6‰ ~ 1.9‰和1.3‰ ~ 1.6‰左右。这表明模型受参数变化影响不大，研究模型稳定。

## 8.6 研究结论

(1) 在评议会审核阶段，随着评议会评委人数的增加，对该阶段评委的激励强度应减小。当评议会评委人数为3~5人规模且两阶段影响因子偏小或评委道德敏感度偏大时，对该阶段评委的激励强度应最大。当评委间的协作度为中等或高水平时，随着评委间协作度的增加，对该阶段评委的激励强度应递减。

(2) 在评审会审核阶段，随着评审会评委人数的增加且两阶段努力的影响因子减小，对该阶段评委应施以稍强的正激励。随着评委道德敏感度的减小或评委间协作度的增加，对该阶段评委应强化正激励。

(3) 评议会评委的努力对评审会评委努力的影响，对激励强度变化的影响并不显著。

# 第 9 章　基于单边道德风险模型的招聘培训工作人员的激励机制

担保业是高风险行业，在“招聘与培训”方面有高于其他行业的特殊要求。虽然各担保企业招聘和培训工作有明确的招聘录用和培训人员的制度和流程，但执行起来往往没有按照制度落实。本章将研究总经理招聘新业务经理，部门业务主管培训新业务经理过程中，可能发生的道德风险问题，并通过激励机制设计来规避这两类道德风险，从而达到引进优秀业务经理和培养新手业务经理的目的。

## 9.1　担保企业招聘中存在的主要问题

在担保企业实际招聘过程中，总经理的意见在招聘中其实起最终决定作用，因此总经理的权力就可能会有“前置”的现象，这样就使得人力资源部初试环节和用人部门负责人在面试环节的职能不能得到有效的发挥，导致人力资源部和用人部门的前期工作付之东流，对进人不能真正起到把关作用。因此，在制度层面有必要在总经理决策之后，通过激励机制设计来规范总经理招聘行为。

公司对招聘的执行有明确的制度规定，但是由于总经理的个人权力可能过大，导致其不按照制度来执行。这种情况长期存在下去，就会使得人力资源部和用人部门负责人懈怠于自己的责任，放松对应聘人员的把关作用，转而更多揣摩和关注总经理的态度和意见，最终结果必然导致招聘各个环节“责任与权力”失衡，最终使得招聘制度执行力不够，所招聘的业务经理不能胜任工作。

总经理在招聘决策中的权力过大，是造成招聘制度执行力不够的原因之一。总经理的滥用权力问题是在委托人担保企业和代理人总经理签订聘用契约后发生的行为，而且不易被委托人所观察或察觉，因此也属于典型的经济学道德风险问题。

## 9.2 担保企业招聘业务经理中总经理道德风险防控的激励机制

### 9.2.1 防控总经理招聘道德风险的激励机制的数理模型

传统的解决道德风险问题的办法主要是基于绩效可测量的经济激励，它代价高昂且会导致无法挽回的损失。这种激励在企业界看来过于复杂，并与现实中的合同不符[82]。此外，委托代理模型被批判为没有考虑到狭隘的私利性并忽略了非经济因素，例如伦理道德和公平性等因素[83]。本章总经理招聘业务经理的问题中，总经理的道德风险行为难以被委托人观察和控制，其绩效也难以度量，而且总经理的该方面业绩只有到所招聘的业务经理表现出工作业绩时才可以被观察，才能验证之前的招聘决策的效果。本章受到 Stevens 和 Thevaranjan[67] 的研究启发，在传统的道德风险模型中加入“道德敏感度”因子，同时考虑到总经理的人员道德风险具体情况，即除道德风险外，还包括总经理自身素质能力不足和责任心不足导致的人员道德风险。因此，在本章的数理分析中，也把后两个影响因素考虑进模型中，这使得总经理的道德风险问题与现实情况更符合。

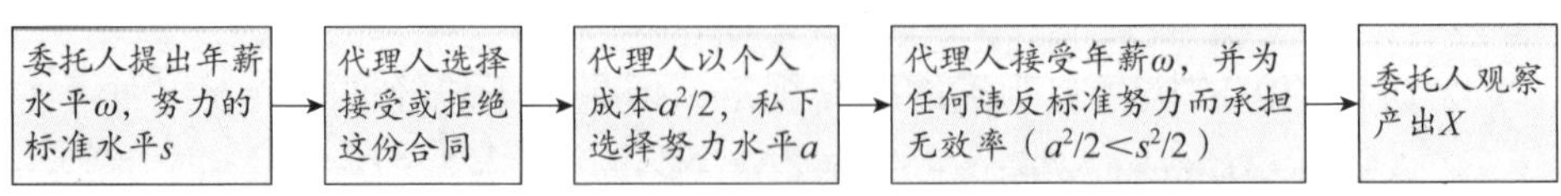


图9.1　无法实施绩效测量的委托代理契约时序

基于道德敏感、素质能力、责任感三因素单一信息的委托代理契约时序流程如图9.1所示。结合图9.1中各变量的具体含义以及担保企业总经理道德风险的三因素(道德敏感、素质能力、责任感)，本章定义总经理由于职业道德原因导致的行为偏离招聘制度规定要求而付出努力标准的偏差程度为$(s_1^2-a_1^2)/2$(式中，$a_1$为总经理在招聘工作中为恪守职业道德而付出的努力水平)。该偏差值在范围$(0, s_1^2/2)$内变化，当总经理的道德行为完全符合公司制度规定，即$a_1=s_1$，该偏差度的值为0；而总经理完全背离招聘制度来进行招聘，即$a_1=0$，该偏差度的值为$s_1^2/2$。这样，对招聘制度标准$s_1$的违反的程度$\delta$就可以表示为：

$$\delta = 1 - a_1^2 / s_1^2 \tag{9.1}$$

总经理的道德敏感度$m$可以从0到无限大。在$m=0$时，总经理是机会利己主义的，违背达成协议合同的约定而根本不承担任何无效率。当$m \to \infty$时，总经理将为违反协议合同承担增加的无效率。假设大多数代理人能够完全逃避他们对委托人的责任和义务($a=0 \to \delta=1$)，当这种行为能够为增加代理人净收益而充分提升其效率时，本章把道德敏感度限制在[0, 1]内，即$0 \leqslant m \leqslant 1$。这使得总经理需要在道德无效率和其净收益效率之间权衡利弊。同理，本章把总经理自身的素质能力与素质能力的标准要求的差距$\varepsilon$表示成：

$$\varepsilon = 1 - a_2^2 / s_2^2 \tag{9.2}$$

式中，$s_2$为总经理招聘工作应达到的素质能力标准；$a_2$为总经理招聘工作为达到素质能力标准所付出的努力水平。此外，把素质能力系数$p$限制在[0, 1]内，即$0 \leqslant p \leqslant 1$。$p=0$，表示总经理的素质能力完全不能胜任人员选拔的要求，不具备甄选人员的能力；$p=1$，表示总经理的素质能力完全可以胜任选拔人员的要求。同理，本章把总经理责任感与责任感标准的要求的差距程度表示成：

$$\zeta = 1 - a_3^2 / s_3^2 \tag{9.3}$$

式中，$s_3$ 为总经理招聘工作应达到的责任感标准；$a_3$ 为总经理招聘工作为达到责任感标准所付出的努力水平。此外，把责任感系数 $q$ 限制在 [0, 1] 内。$q=0$，表示总经理完全没有责任感；$q=1$，表示总经理责任感最强，完全不会因为工作责任心问题导致工作失误。

本章假设担保企业为中性，担保总经理为风险规避的，根据 Arrow[83] 提出的绝对风险规避的效用函数，把代理人的效用函数表示成 $u(y)=-\mathrm{e}^{-ry}$，其中 $r$ 表示总经理的风险规避度，且 $r>0$，$y$ 是担保企业支付给总经理的工资。本章基于代理人效用模型，并借鉴了 Stevens 和 Thevaranjan[67] 的代理人效用模型，同时把道德敏感度、素质能力和责任感三因素加入效用模型。为减少重复计算，仅以道德敏感度为例进行具体数理分析，其他两个因素只给出结果。

$$U(\omega,a_1,s_1)=U(\omega_1,a_1)-m\delta=1-\exp\left[-r\left(\omega_1-a_1^2/2\right)\right]-m\left(1-a_1^2/s_1^2\right) \tag{9.4}$$

式中，$\overline{U}(\omega_1, a_1)$；$0\leqslant m\leqslant 1$；$0\leqslant \delta\leqslant 1$。

总经理的效用函数形式反映了本章的假设，即道德敏感度、素质能力和责任感的无效率 $m\delta$、$p\varepsilon$、$q\zeta$ 都独立于代理人对净收益的偏好和对风险的规避。注意，增加代理人的道德敏感度 $m$，就会使得代理人在招聘工作中更为关注他对担保企业的道德义务；增加代理人素质能力系数 $p$，会使得代理人更为关注自身素质能力的提高；增加代理人责任感系数 $q$，就会使得代理人更为关注增强自身的工作责任心。另外，通过增加总经理的年薪 $\omega_1$，间接减少了他的努力无效率。

因而，在本章的模型中，委托人的问题是为努力而设定的年薪和努力标准，它将在两个约束条件下最大化其期望效用，可描述成式(9.5)：

$$\mathrm{Max}: ta_1-\omega_1 \tag{9.5}$$

式中，$t$ 为担保企业获得收益的单价，用年平均承保的担保项目数的“担保收入”表示；$a_1$ 为总经理支付的努力，用年承保的担保项目的单数间接表示；$ta_1$ 为委托人获得的效用；$\omega_1$ 为担保企业支付给总经理的年薪，一般包含固定年薪(基本月薪、补贴和年终双薪）、半年奖励年薪和年终奖励年薪三部分。$ta_1-\omega_1$ 的差值表示担保企业获得的净效用。总经理参与约束和激励相容条件可表述如下：

$$\text{s.t.}\ \ 1-\exp\left[-r\left(\omega_1-a_1^2/2\right)\right]-m\left(1-a_1^2/s_1^2\right)\geqslant 0 \qquad IR \quad (9.6)$$

$$a_1\in\arg\max\left\{1-\exp\left[-r\left(\omega_1-a_1^2/2\right)\right]\right\}-m\left(1-a_1^2/s_1^2\right) \qquad IC \quad (9.7)$$

个体参与约束（$IR$）确保代理人总经理将接受这个委托人提供的合同，它使得总经理将按照招聘制度规定付出努力的效用至少不低于不遵守招聘制度规定所得到的效用（假设为零）。激励相容效用（$IC$）确保总经理在选择自身的努力水平 $a$ 时使得他的效用最大化，而且总经理的利益目标与集团利益目标趋于一致。在最优条件下，模型 $IC$ 条件式（9.7）可以用其等价的一阶导数等于零来代替（参考 Mirrlees[80] 和 Holmstrom[81]），即令式（9.7）为零并对 $a_1$ 求偏导数。

$$a_1=\sqrt{2\omega_1+\frac{2}{r}\ln\frac{2m}{rs_1^2}} \qquad IC \quad (9.8)$$

将式（9.6）取等号，有：

$$1-\exp\left[-r\left(\omega_1-a_1^2/2\right)\right]-m\left(1-a_1^2/s_1^2\right)=0 \qquad IR \quad (9.9)$$

将参与约束条件式（9.9）和激励相容条件式（9.8）代入目标函数式（9.5）中，令之等于零，并对激励因子 $\omega_1$ 求偏导，得到担保企业对总经理年薪的激励强度 $\omega_1$ 的表达式：

$$\omega_1=\frac{rt^2+2\ln\dfrac{2m}{rs_1^2}}{2r}=\frac{t^2}{2}+\frac{1}{r}\ln\frac{2m}{rs_1^2}=\frac{t^2}{2}+\frac{1}{r}\ln 2m-\frac{1}{r}\ln rs_1^2 \qquad (9.10)$$

同理，将素质能力变量 $p$ 和责任感变量 $q$ 代替式（9.10）中的道德敏感度 $m$，得到关于素质能力变量 $p$ 和责任感变量 $q$ 的激励强度表达式如下：

$$\omega_2=\frac{t^2}{2}+\frac{1}{r}\ln 2p-\frac{1}{r}\ln rs_2^2 \qquad (9.11)$$

$$\omega_3=\frac{t^2}{2}+\frac{1}{r}\ln 2q-\frac{1}{r}\ln rs_3^2 \qquad (9.12)$$

### 9.2.2 各影响因素对激励强度影响趋势的分析

还是仅以道德敏感度的式(9.8)为例，为考察各影响因素对激励强度的影响，将 $\omega_1$ 分别对风险规避度 $r$、道德敏感度 $m$、努力标准 $s_1$、担保企业收益的单位价值 $t$ 求偏导数。

$\frac{\partial\omega_1}{\partial r}=\frac{\ln\frac{rs_1^2}{2m}+1}{r^2}$，若 $\ln\frac{rs_1^2}{2m}+1>0$，即 $m<\frac{e}{2}rs_1^2$（e 为常数）时，则 $\frac{\partial\omega_1}{\partial r}>0$，它表示随着总经理风险规避度的提高，担保企业对其激励强度也应增大；反之，若 $\frac{\partial\omega_1}{\partial r}<0$，对其激励强度应减小。$\frac{\partial\omega_1}{\partial m}=\frac{1}{rm}>0$，它表示随着总经理道德敏感度的提升，对其激励强度应加大。$\frac{\partial\omega_1}{\partial s_1}=-\frac{2}{rs_1}<0$，它表示随着担保企业对总经理努力标准要求的提高，对其激励强度应减小。$\frac{\partial\omega_1}{\partial t}=t>0$，它表示随着担保企业获得收益的单位价值的提高，对总经理的激励强度应增大。

同理，由于 $\omega_2$ 和 $\omega_3$ 的表达式与 $\omega_1$ 是类似的，因此对于影响因素素质能力因子和责任感因子，将道德敏感度 $m$ 换为素质能力变量 $p$ 和责任感变量 $q$，可以得到结论：$\frac{\partial\omega_2}{\partial p}=\frac{1}{rp}>0$，它表示随着总经理自身素质能力的提高，对其激励强度应增大；$\frac{\partial\omega_3}{\partial q}=\frac{1}{rq}>0$，它表示随着总经理责任感的提高，对其激励强度应增大。同理，$\omega_2$ 和 $\omega_3$ 对风险规避度 $r$、努力标准 $s_2$ 和 $s_2$、担保企业收益的单位价值 $t$ 的偏导数与道德敏感度求导相同。

### 9.2.3 研究结论

(1) 对于担保企业总经理的风险规避度因素，随着总经理的风险规避度的提高，对其在职业道德、素质能力和责任心方面的激励强度并不确定。

(2) 随着总经理道德敏感度的增强，对其在职业道德、素质能力和责任心方面的正激励强度应予以增大。

(3) 对于担保企业总经理努力标准因素，随着担保企业给总经理制定的职业道德、素质能力和责任心方面的努力标准的提高，对其在这三方面的正激励强度应减小。

(4) 对于担保企业年度收益的平均单价因素，随着担保企业收益的单位价值的提高，对其在职业道德、素质能力和责任感方面的正激励强度应增大。

## 9.3　担保企业培训新业务人员中业务部门主管的道德风险防控的激励机制

### 9.3.1　担保企业培训中存在的主要问题

当前，各担保企业虽然在人员培训过程中有控制不严的问题，但是对于担保企业而言，更为突出的问题就是新员工的业务素质和工作能力的培养问题。担保行业对业务经理的各方面素质要求是比较高的，不仅要求业务经理和风控经理精通与担保有关的专业知识，例如担保、财会、金融等，而且对沟通能力、协调能力、口头和书面表达能力都有比较高的要求。新员工经过短暂的入职培训，往往很难在短期内具备担保企业要求他们具备的素质和能力，而老员工出于自身利益考虑，又有所保留。悟性强的员工，做几单业务能够胜任工作，悟性不强的员工，就很难完成担保企业下达的业绩指标，就只能自动离职。因此，在担保企业，业务人员离职率高达70%，能够在公司工作5年以上者更少。而高离职率也浪费了公司的招聘与培训成本。因此，能否使员工，尤其是使新员工的业务能力迅速提高成熟，对于防控人员道德风险至关重要。一方面，对于老员工而言，要制定相关制度，鼓励老员工带新员工，同时对于老员工的付出也要有所补偿；另一方面，员工参与培训，既要监督控制培训过程，也要将培训效果与个人薪酬晋级相挂钩。

根据绪论部分的经济学道德风险的定义，本章研究的问题中部门业务主管在与担保企业签订聘用契约后开始培训新员工，部门业务主管理隐藏自己的信息或行为，在培训工作中不愿真正培训新业务经理，或传授时有所保留，这就与委托人担保企业利益相违背，因此也属于典型的经济学道德风险。

### 9.3.2 培训工作中业务部门主管知识转移及其激励机制

**1. 业务部门主管知识转移**

担保企业对人员道德风险防控的要求高，而担保企业中符合此条件的业务骨干又十分缺乏，因此，对新员工的业务培训既重要又紧迫。担保企业的培训工作对于人员稳定和道德风险防控都十分重要。

从国内外学术界研究现状看，很多学者集中于"知识共享"研究[84, 85]，而对于单纯的知识转移研究得相对较少。其中有部分知识转移的研究，其实仍然属于知识共享的研究范围[86-88]，有部分研究致力研究知识转移的过程及机理[89, 90]，还有些则侧重于知识转移的方式、途径和模式的效率问题[91, 92]。本书将结合担保企业人员培训的实际情况，对 Griliches[93] 模型进行局部改造，使修正后的模型与实际情况更为接近。在此基础上，笔者将通过数理分析揭示出业务部门主管知识转移的激励约束机制。

**2. 防控业务部门主管培训道德风险模型构建**

在委托代理关系中，业务部门主管采取了担保企业不希望自己采取的行为，并且道德风险行为产生于双方签订契约之后，业务部门主管隐藏自己的信息或行动属于道德风险问题[94]。由于担保专业性很强，各高校担保专业的毕业生又十分有限，因此，要解决担保企业这一突出矛盾和困境，就需要加强培训工作。但同时，业务部门主管传授担保知识和工作经验会降低自身在企业中的稀有性和价值，还会对自己的职业空间构成威胁。

(1) 担保知识产出函数。本章研究侧重于担保知识转移，而不是研究知识共享问题，把 Griliches[93] 的知识生产模型中删除了"人员吸收担保知识能力"

因素。假设业务部门主管的担保知识产出函数是其努力 $e$ 的线性函数。另外，担保知识产出函数还可能受到外界的其他偶然和不可控因素影响。假设这些外生的随机变量服从数学期望为0、方差为 $\sigma^2$ 的正态分布。受到 Stevens 和 Thevaranjanp[67] 的研究启发，笔者在 Griliches[93] 模型中添加了道德敏感度因子 $m$（常数且 $0 \leqslant m \leqslant 1$）。在 $m=0$ 处，业务部门主管是机会利己主义者，完全没有职业道德感，不愿为培训员工承担任何义务。在 $m=1$ 处，业务部门主管职业道德感最强，积极为培训员工承担义务。同时，在模型中还添加责任感因子 $d$，$0 \leqslant d \leqslant 1$，在 $d=0$ 处，业务部门主管完全没有责任心；在 $d=1$ 处，业务部门主管责任心最强。则构造的担保知识产出函数可表示为：

$$\pi(e,\theta) = kdmpe + \theta \tag{9.13}$$

式中，$\pi(e, \theta)$ 为担保企业业务部门主管的担保知识产出；$k$ 为担保企业业务部门主管拥有的担保知识量系数，为常数且 $0 < k < 1$；$d$ 为业务部门主管的责任感因子；$p$ 为业务部门主管担保知识传授能力系数，为常数且 $p > 0$，$p$ 越趋向于0表明其素质能力越不足；$e$ 为业务部门主管的努力水平，为变量且 $e \geqslant 1$（1表示业务部门主管未做任何努力的情况）；$\theta$ 为随机变量，且 $\theta \sim (0, \sigma^2)$，其中 $E(\theta)=0$，$D(\theta)=\sigma^2$。担保知识产出函数有如下结论 $\pi(e, \theta)>0$，$\pi'(e, \theta)>0$，$\pi''(e, \theta)>0$，说明担保知识的产出随着努力的增加而增长，而且随着努力的增加，知识产出的速率也增加，故产出难度也是递增的。

(2) 业务部门主管努力成本函数。担保企业业务部门主管在培训新员工过程中，是需要付出努力的，比如培训员工、准备课程、答疑等，其努力也是要付出成本的。借鉴 Chieh[68] 的研究，为简化分析，暂不考虑随机因素的影响，则业务部门主管的努力成本为：

$$c(e) = \frac{\gamma e^2}{2} \tag{9.14}$$

式中，$c(e)$ 为业务部门主管的努力成本，可以等价于货币成本；$e$ 为业务部门主管的努力水平，且 $e \geqslant 1$；$\gamma$ 为业务部门主管担保知识转移的努力成本系数，且 $\gamma > 0$。努力成本函数有如下结论：$c(e)>0$，$c'(e)>0$，$c''(e)>0$，这说明努力成本是随着努力的增加而增长的，且随着努力的增加，成本增加的速率是递增的。

(3) 激励合同函数。为了激励业务部门主管传授担保知识的积极性，需要给予业务部门主管一定的报酬。目前国内外激励机制的研究大多采取线性合同的方式 [83]。加之担保企业业务部门主管这个级别的中层干部薪酬一般实行的是年工资报酬收入制，包括固定薪酬、月度绩效奖金和年度绩效奖金。因此，采取固定薪酬加绩效奖金形式：

$$s(\pi) = \alpha + \beta\pi \tag{9.15}$$

式中，$\pi$ 为担保企业业务部门主管的担保知识产出，$\alpha$ 为业务部门主管的固定薪酬，与 $\pi$ 无关；$\beta$ 为业务部门主管担保知识产出的激励因子，且 $0 \leqslant \beta \leqslant 1$，即业务部门主管承担风险的程度。当 $\beta = 1$ 时，业务部门主管承担全部风险和知识产出。

(4) 双方的期望效用函数。员工的实际收益为 $w_1 = \pi - s(\pi) = (1-\beta)kdmpe - \beta\theta + \theta - \alpha$。假设员工是风险中性的，则期望效用等于期望收益。期望效用函数为 $Ev(w_1) = Ew_1 = (1-\beta)kdmpe - \beta - \alpha$，其中 $w_1$ 为企业实际收益。业务部门主管的实际收益为 $w_2 = s(\pi) - c(e) = \alpha + \beta(kdmpe+\theta) - \gamma e^2/2$，当业务部门主管对待风险的态度是中性的时，其期望的效用也等于期望收益，即 $Eu(w_2) = Ew_2 = \alpha + \beta kdmpe - \gamma e^2/2$。而当业务部门主管为风险规避型的时，根据 Chieh[68] 的研究结论，取风险成本 $F = \rho\beta^2\sigma^2/2$，其中 $\rho$ 为风险规避度，则业务部门主管的期望效用函数为 $Ew_2 - F = \alpha + \beta kdmpe - \gamma e^2/2 - \rho\beta^2\sigma^2/2$。

(5) 基本激励模型。根据上述假设，被培训的员工在最大化期望效用函数时，还受到业务部门主管的个人理性约束 $IR$ 和激励相容约束 $IC$ 的限制。前者表示业务部门主管接受培训员工契约的期望效用不小于不接受培训员工契约的期望效用；后者表明业务部门主管总是从个人利益最大化角度出发，选择使个人的期望效用最大化的努力水平。构造如下数理模型：

$$\max_{\alpha,\beta}\left[(1-\beta)kdmpe-\beta-\alpha\right] \tag{9.16}$$

$$\text{s.t. } (IR)\begin{cases}\alpha+\beta kdmpe-\dfrac{\gamma e^2}{2}\geqslant\bar{u}\text{（业务部门主管为风险中性的）}\\ \alpha+\beta kdmpe-\dfrac{\gamma e^2}{2}-\dfrac{\rho\beta^2\sigma^2}{2}\geqslant\bar{u}\text{（业务部门主管为风险规避的）}\end{cases} \tag{9.17}$$

$$(IC)\begin{cases}e\in\arg\max(\alpha+\beta kdmpe-\dfrac{\gamma e^2}{2})\text{（业务部门主管为风险中性的）}\\ e\in\arg\max(\alpha+\beta kdmpe-\dfrac{\gamma e^2}{2}-\dfrac{\rho\beta^2\sigma^2}{2})\text{（业务部门主管为风险中性的）}\end{cases} \tag{9.18}$$

式中，$\bar{u}$ 为业务部门主管的保留效用。

**3．信息不对称条件下的激励约束机制**

在现实生活中，大多数情况下，委托人和代理人之间是信息不对称的。本章仅研究在信息不对称条件下，将业务部门主管分为“风险中性”的和“风险规避”的两种情况研究业务部门主管知识转移的激励约束机制问题。在信息不对称的情况下，担保企业不能观察到业务部门主管的努力水平 $e$，且不能通过强制手段迫使业务部门主管将自己的担保知识奉献出来，只能通过激励合约 $s(\pi)$ 诱导业务部门主管奉献自己的知识。在最优情况下，激励相容条件 $IR$ 约束式中等号成立，参与约束条件 $IC$ 条件可以用其最优化一阶条件（对 $e$ 的偏导数）替代，即 $IC$ 条件可以用$e=\dfrac{\beta kdmp}{\gamma}$替代。

（1）业务部门主管在风险中性条件下的激励约束机制。当业务部门主管为风险中性的时，最优化问题转化为：

$$\max_{\alpha,\beta,e}\left[(1-\beta)kdmpe-\beta-\alpha\right] \tag{9.19}$$

$$(IR)\quad \alpha+\beta kdmpe-\frac{\gamma e^2}{2}=\bar{u} \tag{9.20}$$

$$(IC)\quad e=\frac{\beta kdmp}{\gamma} \tag{9.21}$$

将个人理性条件式(9.21)和激励相容条件式(9.20)代入目标函数式(9.19)并令其一阶导数等于零。

$$\beta = 1 - \frac{\gamma}{(kdmp)^2} \tag{9.22}$$

$$e = \frac{(kdmp)^2 - \gamma}{\gamma kdmp} \tag{9.23}$$

$$\alpha = \overline{u} + \frac{(kdmp)^2 - \gamma}{2kdmp} - \frac{[(kdmp)^2 - \gamma]^2}{\gamma (kdmp)^2} \tag{9.24}$$

由式(9.22)可以看出，担保企业按照$\beta$的激励强度向部门经理提供激励，业务部门主管以努力水平$e$提供努力，若要取得最佳的激励效果，即$\beta \to 1$，有两种方式：其一，只需$\gamma \to 0$（业务部门主管努力成本系数趋近零），且$d \neq 0$、$m \neq 0$，显然这难以同时实现，在逻辑上是矛盾的；其二，若$\gamma$为固定常数，则需$(kdmp)^2 \to \infty$，也就是说，$d$、$m \to 1$，而$k$、$p \to \infty$（业务部门主管拥有的担保知识量、知识传授能力、新员工担保知识吸收能力三个因素的值越大越好）。另外，当$\gamma > (kdmp)^2$时，$\gamma/(kdmp)^2 > 1$，有$\beta < 0$，由$0 \leqslant \beta \leqslant 1$条件可知，激励机制会失去效力。

(2)业务部门主管在风险规避条件下的激励约束机制。当业务部门主管为风险规避的时，最优化问题转化为：

$$\max_{\alpha,\beta,e} \left[ (1-\beta) kdmpe - \beta - \alpha \right] \tag{9.25}$$

$$\alpha + \beta kdmpe - \frac{\gamma e^2}{2} - \frac{\rho \beta^2 \sigma^2}{2} \geqslant \overline{u} \qquad IR \tag{9.26}$$

$$e = \frac{\beta kdmp}{\gamma} \qquad IC \tag{9.27}$$

将个人理性条件式(9.27)和激励相容条件式(9.26)代入目标函数式(9.25)，并令其一阶导数等于零。

$$\beta = \frac{(kdmp)^2 - \gamma}{(kdmp)^2 + \gamma \rho \sigma^2} \tag{9.28}$$

$$e=\frac{\left[\left(kdmp\right)^{2}-\gamma\right]kdmp}{\left[\left(kdmp\right)^{2}+\gamma\rho\sigma^{2}\right]\gamma} \tag{9.29}$$

(3) 各影响因素对业务部门主管激励强度影响趋势的分析。在激励强度 $\beta$ 的式(9.22)和式(9.28)中所涉及的影响因素中，着重探讨业务部门主管努力成本系数 $\gamma$、担保企业业务部门主管拥有的担保知识量系数 $k$、业务部门主管责任感系数 $d$、业务部门主管道德敏感度 $m$、业务部门主管风险规避度 $\rho$、业务部门主管传授担保知识能力系数 $p$、担保业务风险稳定性 $\sigma^2$ 对激励强度 $\beta$ 的影响。

①业务部门主管为风险中性的条件。用(9.22)式分别对 $k$、$d$、$m$、$p$ 求偏导，并判断正负。$\frac{\partial\beta}{\partial k}=\frac{2\gamma 2k(dmp)^{2}}{(kdmp)^{3}}=\frac{4\gamma}{dmpk^{2}}>0$，表明业务部门主管为风险中性的时，随着担保企业业务部门主管拥有的担保知识量的增大，对业务部门主管的激励强度应该增大。$\frac{\partial\beta}{\partial d}=\frac{2\gamma 2d(kmp)^{2}}{(kdmp)^{3}}=\frac{4\gamma}{kmpd^{2}}>0$，表明业务部门主管为风险中性的时，随着业务部门主管责任感的增强，对其激励强度应该增大。$\frac{\partial\beta}{\partial m}=\frac{4\gamma}{dkpm^{2}}>0$，表明业务部门主管为风险中性的时，随着业务部门主管道德敏感度的提高，对其激励强度应该增大。$\frac{\partial\beta}{\partial p}=\frac{4\gamma}{dkmp^{2}}>0$，表明业务部门主管为风险中性的时，随着业务部门主管传授担保知识的能力的增强，对其激励强度应该增大。

(2) 业务部门主管为风险规避的条件。用式(9.28)激励强度分别对 $k$、$d$、$m$、$p$、$\rho$、$\sigma^2$ 求偏导，并判断正负。

$\frac{\partial\beta}{\partial k}=\frac{2k\gamma(dmp)^{2}(\rho\sigma^{2}+1)}{[(kdmp)^{2}+\gamma\rho\sigma^{2}]^{2}}>0$，表明在业务部门主管为风险规避的时，随着担保企业业务部门主管拥有的担保知识量的增大，对业务部门主管的激励强度应该增大。

$\frac{\partial\beta}{\partial d}=\frac{2d\gamma(kmp)^{2}(\rho\sigma^{2}+1)}{\left[(kdmp)^{2}+\gamma\rho\sigma^{2}\right]^{2}}>0$，表明在业务部门主管为风险规避的时，随

着业务部门主管责任感的增强，对其激励强度应该增大。

$\frac{\partial \beta}{\partial m}=\frac{2m\gamma(kdp)^2(\rho\sigma^2+1)}{\left[(kdmp)^2+\gamma\rho\sigma^2\right]^2}>0$，表明在业务部门主管为风险规避的时，随着业务部门主管道德敏感度的提高，对其激励强度应该增大。

$\frac{\partial \beta}{\partial p}=\frac{2p\gamma(kdm)^2(\rho\sigma^2+1)}{\left[(kdmp)^2+\gamma\rho\sigma^2\right]^2}>0$，表明在业务部门主管为风险规避的时，随着业务部门主管传授担保知识的能力的增强，对其激励强度应该增大。

$\frac{\partial \beta}{\partial \rho}=\frac{\left[\gamma-(kdmp)^2\right]\gamma\sigma^2}{\left[(kdmp)^2+\gamma\rho\sigma^2\right]^2}$符号不确定，当 $\gamma-(kdmp)^2>0$ 时，$\frac{\partial \beta}{\partial \rho}>0$，表明在业务部门主管为风险规避的时，随着业务部门主管风险规避度的增加，激励强度应该增大。

$\frac{\partial \beta}{\partial \sigma^2}=\frac{\left[\gamma-(kdmp)^2\right]\gamma\rho}{\left[(kdmp)^2+\gamma\rho\sigma^2\right]^2}$，符号不确定，当 $\gamma-(kdmp)^2>0$ 时，$\frac{\partial \beta}{\partial \sigma^2}>0$，表明在业务部门主管为风险规避的时，若担保业务风险变动剧烈，对业务部门主管的激励强度应增大。

### 9.3.3 研究结论

(1)在业务部门主管为风险中性的时，随着担保企业业务部门主管拥有的担保知识量的增加，对业务部门主管的激励强度应增大；随着业务部门主管传授担保知识的责任感的提高，对其激励强度应增大；随着业务部门主管传授担保知识的道德敏感度的增加，对其激励强度应增大；随着业务部门主管传授担保知识的传授能力的提高，对其激励强度应增大。

(2)在业务部门主管为风险规避的时，随着担保企业业务部门主管拥有的担保知识量的增加，对业务部门主管的激励强度应增大；随着业务部门主管传授担保知识的责任感的提高，对其激励强度应增大；随着业务部门主管传授担保知识的道德敏感度增加，对其激励强度应增大；随着业务部门主管传授担保知识的传授能力的提高，对其激励强度应增大；随着业务部门主管风险规避度的增加，对其激励强度应增大；随着担保业务风险不稳定性的增加，对业务部门主管的激励强度应增大。

# 第 10 章　防控担保企业人员道德风险激励机制的案例研究

从研究目的看，案例研究既可用于构建(包括阐明)理论，也可用于验证理论[95]。一方面，由于本书实证样本不足，另一方面，案例研究有助于原汁原味地保留、理解并刻画真实现场情景有研究价值的特征[96]，可以弥补单纯数理模型分析的缺陷，从而将数理建模的科学性与案例研究的实践性紧密结合。故本章采取案例研究方法来对上面各章节的数理模型研究结论进行验证。本书选择国内省级的典型性代表性担保企业进行访谈调研，通过对担保企业工作人员的访谈，借助质性分析软件 Nvivo 11 对调研数据进行处理，并运用规范的案例研究方法，对第 3 ~ 9 章数理模型的研究结论予以检验。

## 10.1　研究检验框架

本章将第 3 ~ 9 章数理模型待检验的研究结论，汇总在表 10.1 中。

表10.1 数理模型待检验的研究结论汇总表

| 研究对象 | 担保阶段 | 研究结论 |
| --- | --- | --- |
| 业务经理 | 尽职调查阶段 | 随着业务阶段间的努力影响增大，尽职调查阶段的负激励应增加，且增加的速率呈递增趋势（三阶段道德风险） |
| | | 随着业务经理道德敏感度增加，尽职调查阶段的正激励应降低（三阶段道德风险） |
| | | 随着担保企业代偿损失分担率提高，尽职调查阶段的正激励应增加（三阶段道德风险） |
| | | 当业务经理的风险规避度增加时，担保企业对其正激励应减小（双边道德风险） |
| | | 当业务经理操作担保项目的难度增加时，担保企业对其正激励应减小（双边道德风险） |
| | | 当业务经理的工作能力提升时，担保企业对其正激励强度应增大（双边道德风险） |
| | | 随着业务经理在尽职调查阶段的风险控制能力或业务开展能力的提升，担保企业对其该阶段的正激励强度增大（两阶段多任务道德风险） |
| | | 随着业务经理在尽职调查和保后监管两阶段间的努力水平影响程度增大，担保企业对其正激励强度增大（两阶段多任务道德风险） |
| | | 当业务经理在尽职调查阶段兼顾业务开展和风险控制两任务的难度为中低等水平时，担保企业对其正激励强度应稳定地维持在中低水平；当兼顾难度为高水平时，担保企业对其正激励强度应先降低，然后大幅度增大（两阶段多任务道德风险） |
| | 业务评审阶段 | 随着业务阶段间的努力影响增大，项目评审阶段负激励应减小（三阶段道德风险） |
| | | 随着业务经理道德敏感度增加，项目评审阶段的正激励应减小（三阶段道德风险） |
| | | 随着担保企业代偿损失分担率提高，项目评审阶段的正激励应增加（三阶段道德风险） |
| | 保后监管阶段 | 随着业务阶段间的努力影响增大，保后监管阶段的正激励应增加且增加速率呈现递增趋势（三阶段道德风险） |
| | | 随着业务经理道德敏感度增加，保后监管阶段的正激励应增加且增加的速率呈现减小趋势（三阶段道德风险） |
| | | 随着担保企业代偿损失分担率提高，保后监管阶段由负激励逐渐转成正激励，且增加的速率也呈递增趋势（三阶段道德风险） |

续表

| 研究对象 | 担保阶段 | 研究结论 |
| --- | --- | --- |
| 业务经理 | 保后监管阶段 | 当业务经理在保后监管阶段的风险控制能力提升时，担保企业对其在该阶段的正激励强度先减小后增大（两阶段多任务道德风险） |
| | | 在其他影响因素保持稳定的条件下，随着业务经理在尽职调查和保后监管两阶段间的努力水平影响程度增大，担保企业对其在两阶段的正激励强度均增大（两阶段多任务道德风险） |
| | | 当业务经理在尽职调查阶段兼顾两任务的难度增大时，其在保后监管阶段的正激励强度应增大（两阶段多任务道德风险） |
| 风控经理 | 尽职调查阶段 | 当风控经理的风险规避度增加时，担保企业对其正激励逐渐减小（双边道德风险） |
| | | 当风控经理操作担保项目的难度增加时，担保企业对其正激励应减小（双边道德风险） |
| | | 当风控经理的工作能力提升时，担保企业对其正激励强度应增大（双边道德风险） |
| 担保业务评委 | 业务评审阶段 | 随着担保评委团队成员业务能力增强，对其正激励的强度也应增大；而当评委团队人数规模增大时，应适当对其强化正激励（双边团队） |
| | | 当担保评委团队成员承担的代偿损失比例处于偏低水平时，对其激励的方式和强度存在不确定性；而代偿损失比例为中等和偏高水平时，可不给予其激励。随着担保业务评委人数增加，如果施加激励，则对其正激励强度要逐渐变化为大于负激励强度（双边团队道德风险） |
| | | 当评委团队成员风险规避度处于风险偏好和风险厌恶时，不应对其施加正激励或负激励；而处于风险中性时，对其激励的方式和强度存在不确定性（双边团队道德风险） |
| | | 随着评委成员间协作度的增加，对评委团队总体的激励强度应增大。在年担保承保业务量和评委人数一定以及评委间协作度相同且年担保承保业务量一定的条件下，随着评委人数的增多，对其激励强度也应增大。在评委间协作度相同且评委人数一定的条件下，随着年担保承保业务量的增多，对其激励强度应减小（团队多任务道德风险） |
| | | 随着担保评委团队承担代偿风险的比例增加，对评委团队总的激励强度呈减小趋势。当承保的担保业务量一定时，随着评委人数增加，应增大对其激励强度；而评委人数一定时，随着承保的担保业务量增加，应减小对其激励强度（团队多任务道德风险） |

续表

| 研究对象 | 担保阶段 | 研究结论 |
| --- | --- | --- |
| 担保业务评委 | 业务评审阶段 | 随着年承保的担保业务量增多且评委团队成员人数减少，给予评委团队成员的激励强度应减小（团队多任务道德风险） |
| | | 在评议会审核阶段，随着评议会评委人数的增加，对该阶段评委的激励强度应减小。当评议会评委人数为3~5人且两阶段影响因子偏小或评委道德敏感度偏大时，对该阶段评委的激励强度应最大。当评委间的协作度为中等或高水平时，随着评委间协作度的增加，对该阶段评委的激励强度应递减（团队两阶段道德风险） |
| | | 在评审会审核阶段，随着评审会评委人数的增加且两阶段努力的影响因子减小，对该阶段评委应施以稍强的正激励。随着评委道德敏感度的减小或评委间的协作度的增加，对该阶段评委应强化正激励（团队两阶段道德风险） |
| | | 评议会评委的努力对评审会评委努力的影响对激励强度变化的影响并不显著（团队两阶段道德风险） |
| 总经理 | 招聘新业务人员 | 随着总经理的风险规避度提高，对其在职业道德、素质能力和责任心方面的激励强度不确定 |
| | | 随着总经理道德敏感度的增强，对其在职业道德、素质能力和责任心方面的激励强度应增大（单边道德风险） |
| | | 随着担保企业给总经理制定的职业道德、素质能力和责任心方面的努力标准的提高，对其在这三方面的激励强度应减小（单边道德风险） |
| | | 随着担保企业收益的单位价值的提高，对其在职业道德、素质能力和责任感方面的激励强度应增大（单边道德风险） |
| 业务部门主管 | 培训新业务人员 | 随着业务部门主管传授担保知识的努力成本系数的增加，对其激励强度应减小（单边道德风险） |
| | | 随着担保企业拥有的担保知识量的增加，对业务部门主管的激励强度应增大（单边道德风险） |
| | | 随着业务部门主管传授担保知识的责任感的提高，对其激励强度应增大（单边道德风险） |
| | | 随着业务部门主管传授担保知识的道德敏感度的增加，对其激励强度应增大（单边道德风险） |
| | | 随着业务部门主管传授担保知识的传授能力的提高，对其激励强度应增大（单边道德风险） |

## 10.2 研究方法与设计

本案例研究思路如下：基于待检验结论，选取国内省级担保行业中典型性、代表性的担保企业，通过问卷调查的方式收集担保企业的资料和数据，对访谈者的谈话内容进行归类梳理，并通过案例分析给予合理的解释说明，以此来验证研究结论在实践中的有效性和合理性。

### 10.2.1 案例企业的选择

与以统计学为研究工具的实证研究对大样本量的要求不同，案例研究要求对象具有典型性和代表性[97]。实证研究虽然依靠大量的数据来总结规律得出结论，但是，大样本实证研究统计检验关心的只是分析结果是否具有统计意义上的显著性，大样本也存在着能不能普适化的问题。如果观察发现与理论不一致，无论样本量有多大，都不能为理论是否正确提供证据[98]。相比之下，案例研究方法可以与现实更为贴近，加深我们对现实的理解，帮助观察到许多新现象，为后续的实证研究提供基础[99]。

Eisenhardt 认为从案例研究中构建理论至少需要4个以上案例，否则结论不能让人信服[97]。因此，本书选取了国内具有典型性与代表性的4家融资性担保企业进行研究。应担保企业保密要求，隐去担保企业具体名称。

**1. H 融资担保有限公司**

H 融资担保有限公司成立于2004年，注册资本10.023亿元，是省级融资担保集团旗下的子公司。2019年公司陆续出台了多项风险管理相关制度，并建立了担保业务审批委员会、总经理办公会、风险管理部、其他职能部门联动的多层次、相互衔接、有效制衡的风险管理审批流程。公司风险管理坚持管理全覆盖、独立开展、相互制衡的原则。一是公司风险管理覆盖公司所有管理机构、部门和人员；覆盖所有风险种类；覆盖调查、决策、执行、监督、反馈等各项业务过程和业务环节。各个岗位职责明确风险防控风险防控责任，各项业务明确主要风险点及对应的防控措施。二是公司风险管理机构独立开展风险识别、评估、报告和控制工作，对各项业务提出风险防控意见和措施。三是完整的业务活动横向分配给相互制约的两个或两个以上的部门或岗位来完成，纵向上至少经过互不隶属的两个或两个以上的岗位或环节完成，形成相互制衡的运行机制。

**2. S 融资担保有限公司**

S 融资担保有限公司于2009年8月成立，注册资本15 000万元，由两家国家级投资公司共同出资设立。该担保公司有独具特色的风控模式，将风险控制深深根植于经营管理的各个方面，并持续完善提升。公司建立以“四级评审”为核心的风险评审机制、以分期还款为核心的风险控制机制、以业务经办与反担保措施落实分开为核心的风险监督机制、以“业务提成、损失连带”为核心的风险约束机制，积累了较丰富的风险控制经验。

**3. C 融资担保有限公司**

C 融资担保有限公司成立于2008年4月8日，由某金融控股集团有限责任公司全额出资，为全资国有的政府性融资担保机构，现有注册资本45亿元，单笔融资能力4.69亿元，主体长期信用等级为 AA+。公司始终坚持以风险防范为主线，提高风控能力，努力确保国有资金和公司人员的安全：一是强化制度建设；二是严密跟踪监管；三是落实保证措施；四是实施风险共担；五是严格控制额度；六是坚决化解风险；七是增强抗风险能力。公司全年为1 000多户 / 次中小微企业、“三农”及“双创主体”提供融资支持73.11亿元，为地方实体经济发展起到了较好的助力作用。公司的业务质量情况如下：当年新增代偿额18 810.59万元，累计代偿额90 335.98万元。当年代偿回收额7 777.96万元，累计代偿回收额46 513.33万元，累计损失核销额12 384.55万元。2019年担保代偿率为4.29%，代偿回收率为41.35%，拨备覆盖率为10.4%。

**4. Y 融资担保集团有限公司**

Y 融资担保集团有限公司是某市委市政府为破解小微企业、三农主体和战略性新兴产业融资难、融资贵、融资慢问题而成立的国有政策性、非营利性担保企业，公司归口财政局管理，注册资本金3亿元。公司坚持以担保风险管理为主线，通过制定科学可行的制度，形成了全员风险管理理念，逐步建立了多层次、全方位、全过程、全员参与的风险防控体系。一是依法维护公司合法权益。公司设立专门的风险管理部，与融资担保部同步开展尽职调查，并成立了业务评审委员会和风险管理委员会，完善贷前调查、项目评审、保后检查、风险预警及处置和代偿追偿的全员参与风险管理制度。二是建设公司法律工作队伍。三是强化公司项目清收工作。

### 10.2.2　数据来源

本书的课题调研组先期对省担保协会的会长进行深度访谈。协会会长首先向调研组介绍了近年来国家和担保业的发展情况，由于国家和各地方的经济实力不断增强，原来由商业性融资担保企业占担保市场主导地位的局面正在逐年改变，商业性融资担保企业正有序退出担保市场。取而代之的是，各地政策性担保企业已经占担保市场的主导地位。由于政策性担保的公益性目的，政策性担保企业与商业性担保企业在经营管理方面存在较大差异，突出的区别体现在担保业务开展和担保风险控制方面。政策性担保企业的主要目的是支持中小企业融资，由于有政府资金做后盾，它的经营理念是扶持中小企业融资为目的，并不以盈利为主要目的，因此既不会盲目拓展担保业务，也不会将担保风险控制的标准定得过高；相比之下，商业性担保企业没有国家资金的扶持，它只有盈利才能在担保市场上生存，因此会积极拓展担保业务以增加担保收入，由于代偿损失也由其自己承担，故担保风险控制的标准也定得比较高。因此，能够得到商业性担保企业承保的中小企业必定是优质企业，担保项目也必定是优质项目。这样一来，中小企业融资的受益面就比较有限。另外，担保协会会长仔细看过调研组设计的访谈问卷，提出了一些有益的修改意见，并赠送了近年来政府颁布的重要担保文件和相关资料。经其引荐，调研组2020年9月～2021年1月先后前往上文中提及的国内四家典型性、代表性融资担保企业进行调研访谈。

本书以每家担保企业的业务经理、风控经理、业务评委等工作人员为对象进行问卷访谈调查，共访谈60人，其中业务经理24人、风控经理16人、业务评委8人、总经理4人、业务部门主管8人。

### 10.2.3 数据分析

笔者通过对国内四家省级担保企业的调研访谈，经过批准获取了其内部资料、档案和制度，并经同意对访谈进行了录音，对担保企业进行了直接观察和参与观察，且通过相关文献和出版物等多源化的数据相互补充、交叉验证，形成三角证据[100]。同时，跨案例研究过程中，在理论构念、案例资料、相关文献之间不断循环比较，从而提高了研究构念效度[100]。特别地，本书案例研究运用 Nvivo 11质性分析软件对访谈的录音进行了数据初步处理。质性分析软件 Nvivo 11重要录音转换文字界面如图10.2所示。

数据分析是对收集到的数据，包括访谈记录、文件资料以及调查问卷结果等，形成与研究主题紧密相关的记录性文字资料。通过使用 Nvivo 11质性分析软件对收集到的资料进行整理和分析，从中提炼出与研究主题相关的信息，以此来验证数理究模型的合理性和有效性。

下面是对访谈资料进行编码的步骤：

第一步，把深度访谈和问卷调查获取的数据资料定为一手资料，对其进行一级编码，对担保协会的访谈资料编码为 F，H 融资担保有限公司编码为 H，其中的业务经理编码为 HY$n$，风控经理编码为 HF$n$，业务评委编码为 HP$n$，总经理编码为 HZ$n$，业务部门主管编码为 HB$n$。S 融资担保有限公司编码为 S，其业务经理编码为 SY$n$，风控经理编码为 SF$n$，业务评委编码为 SP$n$，总经理编码为 SZ$n$，业务部门主管编码为 SB$n$。C 担保有限公司编码为 C，其业务经理编码为 CY$n$，风控经理编码为 CF$n$，业务评委编码为 CP$n$，总经理编码为 CZ$n$，业务部门主管编码为 CB$n$。Y 融资担保集团有限公司编码为 Y，其业务经理编码为 YY$n$，风控经理编码为 YF$n$，业务评委编码为 YP$n$，总经理编码为 YZ$n$，业务部门主管编码为 YB$n$（其中 $n$ 表示同类岗位的工作人员数量，$n$ 可取值 1、2、3、…）。把从担保协会获取的纸质资料，都归类为第二手资料统一编为 SH；对于相同文档或意思表达相近的，进行合并按一类处理。

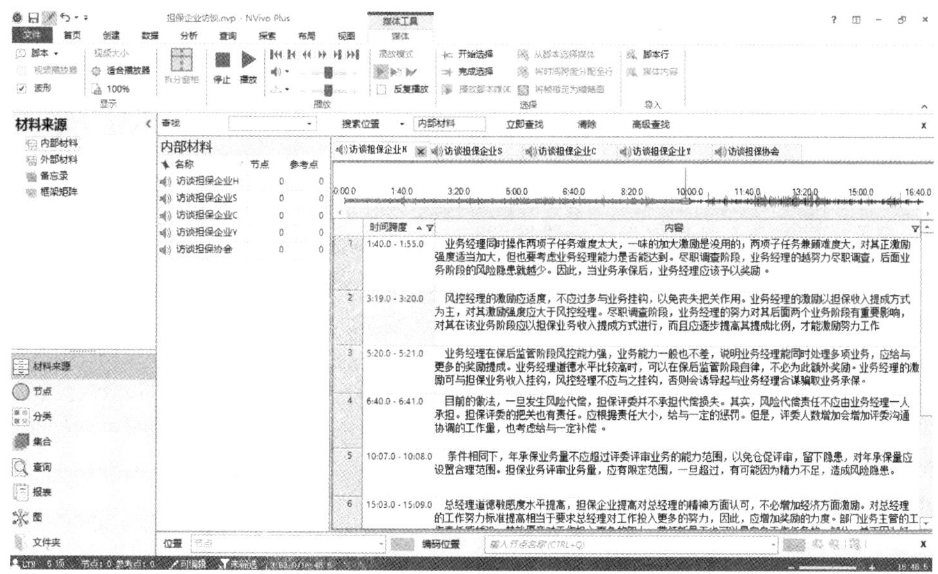

图 10.2 质性分析软件 Nvivo 11 重要录音转换文字界面

第二步，研究者运用 Nvivo 11 将访谈录音及访谈记录进行文字化处理，将调查问卷转为书面文字材料，再将所有获得的文字材料进行数据处理，去掉一些无关条目，将各级编码中的条目进行频次统计。其目的在于：研究者对访谈、调查以及其他书面资料中的内容进行编码整理，并根据本章的具体研究问题对关键词句进行频次分析。频次越多代表关键词句所表示的具体行为在担保业务实际操作过程中发生的概率就越大，因此，该行为就可能具有代表性。

第三步，为了保证本章的资料数据可以真实反映担保业务承保的实际情况，以防出现由于多次对资料数据进行整理后与初始数据存在出入的情况，研究者将整理后的资料和数据返还给被研究者进行核实，最终确认。分析后的资料数据结果分别如表10.2至表10.6所示。

表10.2 调研对象业务经理回答中关键词句的出现频次与典型引用语

| 担保阶段 | 待检验的各章数理模型研究结论 | 频次 | 典型引用语 |
|---|---|---|---|
| 尽职调查阶段 | 当业务经理的风险规避度增加时，对业务经理的正激励逐渐减小（双边道德风险） | 22 | 业务经理风险态度不应过于保守，要不会丧失担保业务发展的机会 $HY_4$ $SY_5$ $CY_6$ $YY_5$ $HB_1$ $SB_1$ |
| | 随着业务经理操作担保项目的难度增加，担保企业对业务经理的正激励应减小（双边道德风险） | 26 | 操作难度越大的项目说明此担保业务的风险就越大，从风险控制角度，应适当减小对其激励 $HY_6$ $SY_6$ $CY_6$ $YY_6$ $SB_1$ $CB_1$ |
| | 随着业务经理工作能力提升，担保企业对业务经理的正激励强度应增大（双边道德风险） | 23 | 工作能力较强的工作者应通过给与其奖励来更好地激发其潜力；最大限度地发挥自身工作能力可以提高工作效率 $HY_5$ $SY_5$ $CY_6$ $YY_5$ $CB_1$ $YB_1$ |
| | 当业务经理持有同一风险规避度时，随着风控经理激励强度的增大，对业务经理的正激励强度应减小（双边道德风险） | 20 | 同时增加对业务经理和风控经理的奖励，会促使其忽略风控 $HY_5$ $SY_6$ $CY_4$ $YY_4$ $CB_1$ $YB_1$ |
| | 业务经理和风控经理操作相同难度的担保项目，当担保企业对风控经理的正激励强度增大时，对业务经理的正激励强度应下降（双边道德风险） | 21 | 同时激励会导致业务经理和风控经理都不关注风险控制 $HY_4$ $SY_6$ $CY_4$ $YY_5$ $SB_1$ $CB_1$ |
| | 对于相同业务能力水平的业务经理和风控经理而言，对风控经理的正激励强度增大时，对业务经理的正激励强度也应增大（双边道德风险） | 26 | 风控经理的激励应适度，不应过多与业务挂钩，以免其丧失把关作用。业务经理的激励以担保收入提成方式为主，对其激励强度应大于风控经理 $HY_5$ $SY_6$ $CY_5$ $YY_5$ $HB_1$ $SB_1$ $CB_1$ $YB_1$ |

续表

| 担保阶段 | 待检验的各章数理模型研究结论 | 频次 | 典型引用语 |
| --- | --- | --- | --- |
| 尽职调查阶段 | 随着业务经理风险控制能力的提升，对该阶段业务经理的正激励强度增大（两阶段多任务道德风险） | 26 | 可以激励业务经理提高自身的风险控制能力去更好地规避风险；不能忽略尽职调查阶段的风险控制任务 $HY_6$ $SY_6$ $CY_6$ $YY_6$ $SB_1$ $YB_1$ |
| | 随着业务经理在尽职调查阶段风险控制能力的提升，担保企业对业务经理在保后监管阶段的正激励强度先递减后递增（两阶段多任务道德风险） | 19 | 尽职调查阶段，业务经理风控能力强，在保后监管阶段的风险控制能力应该没问题，关键是要有责任心。对在保后监管阶段的激励，可以制定制度，奖惩分明 $HY_4$ $SY_5$ $CY_4$ $YY_4$ $HB_1$ $CB_1$ |
| | 随着业务经理业务开展能力的提升，对该阶段业务经理的正激励强度增大（两阶段多任务道德风险） | 26 | 业务开展只是业务经理的部分工作内容，风险控制不可忽略；业务经理业务开展能力越强，其拓展企业项目的作用就越大 $HY_6$ $SY_6$ $CY_6$ $YY_6$ $HB_1$ $YB_1$ |
| | 随着业务经理在尽职调查阶段开展业务能力的提升，担保企业对其在保后监管阶段的正激励强度应增大（两阶段多任务道德风险） | 22 | 业务量增多会导致发生风险的可能性变大，必须加大保后监管阶段对风险的控制。同时，加大该阶段的激励，促使其顺利解保 $HY_4$ $SY_5$ $CY_5$ $YY_6$ $SB_1$ $CB_1$ |
| | 尽职调查阶段，当两任务的兼顾难度为中低等水平时，担保企业对其正激励强度维持在中低水平；当两任务的兼顾难度为高水平时，对其正激励强度应先适当降低，然后大幅度增大（两阶段多任务道德风险） | 24 | 业务经理同时操作两项子任务难度太大，一味加强激励是没用的；两项子任务兼顾难度大，对其正激励强度适当加大，但也要考虑业务经理能力是否能达到 $HY_5$ $SY_5$ $CY_6$ $YY_5$ $HB_1$ $SB_1$ |
| | 当业务经理兼顾两项子任务的难度增大时，担保企业在保后监管阶段对业务经理的激励强度应增大（两阶段多任务道德风险） | 21 | 兼顾业务开展和风控的难度增大，担保业务的风险也在增加，在保后监管环节的风险控制任务是重中之重，应通过解保奖引导其关注解保 $HY_4$ $SY_6$ $CY_4$ $YY_3$ $HB_1$ $SB_1$ $CB_1$ $YB_1$ |
| | 随着业务经理在尽职调查和保后监管两阶段间努力水平影响程度变大，担保企业对业务经理尽职调查阶段的正激励强度增大（两阶段多任务道德风险） | 21 | 对同一担保项目而言，前一阶段投入足够的精力去控制风险，保后监管阶段只需投入适当的精力进行监督。为此，应重点对尽职调查的努力施加正激励 $HY_4$ $SY_6$ $CY_5$ $YY_4$ $HB_1$ $CB_1$ |

续表

| 担保阶段 | 待检验的各章数理模型研究结论 | 频次 | 典型引用语 |
|---|---|---|---|
| 尽职调查阶段 | 随着业务阶段间的努力影响增大，尽职调查阶段负激励应增加，且增加的速率呈递增趋势（三阶段道德风险） | 28 | 尽职调查阶段，业务经理的努力对其后面两个业务阶段有重要影响，对其激励在该业务阶段应以担保业务收入提成方式为主，而且应逐步提高其提成比例，才能激励其努力工作 $HY_5$ $SY_6$ $CY_7$ $YY_5$ $HB_1$ $SB_1$ $CB_1$ $YB_1$ |
| | 随着业务经理道德敏感度增加，尽职调查阶段的正激励应降低（三阶段道德风险） | 22 | 担保业务经理道德水准高、职业道德意识强，会自觉约束自己的行为，并不因为公司给予奖励才会这样做 $HY_5$ $SY_5$ $CY_5$ $YY_5$ $CB_1$ $YB_1$ |
| | 随着担保企业代偿损失分担率提高，尽职调查阶段的正激励应增加（三阶段道德风险） | 21 | 担保业务经理分担代偿损失的比率高，就有必要提高担保收入提成比例，否则会极大影响工作积极性 $HY_4$ $SY_5$ $CY_5$ $YY_5$ $HB_1$ $YB_1$ |
| 业务评审阶段 | 随着业务阶段间的努力影响增大，项目评审阶段负激励应减小（三阶段道德风险） | 27 | 尽职调查阶段，业务经理越努力，后面业务阶段的风险隐患就越少。因此，当业务承保后，业务经理应该得到奖励 $HY_5$ $SY_6$ $CY_6$ $YY_5$ $HB_1$ $SB_1$ $CB_1$ $YB_1$ |
| | 随着业务经理道德敏感度增加，项目评审阶段的正激励应减小（三阶段道德风险） | 22 | 担保业务经理道德水准高，在项目评审阶段，也会积极配合担保业务评委，努力排查风险点，并不因为公司给予奖励才会这样做 $HY_5$ $SY_6$ $CY_5$ $YY_4$ $HB_1$ $SB_1$ |
| | 随着担保企业代偿损失分担率提高，项目评审阶段的正激励应增加，且增加的速率呈递增趋势（三阶段道德风险） | 22 | 担保业务经理分担代偿损失的比率高，有必要提高担保收入提成比例，而且正激励强度增大的幅度要大于代偿损失分担率，才能激励其积极操作下一单业务 $HY_6$ $SY_5$ $CY_4$ $YY_5$ $CB_1$ $YB_1$ |
| 保后监管阶段 | 随着业务经理保后监管阶段风险控制能力的提升，担保企业对业务经理尽职调查阶段的正激励强度减小（两阶段多任务道德风险） | 27 | 业务经理在保后监管阶段的风控能力强，业务能力一般也不差，说明业务经理能同时处理多项业务，应给予其更多的奖励提成 $HY_5$ $SY_6$ $CY_5$ $YY_6$ $HB_1$ $SB_1$ $CB_1$ $YB_1$ |

续表

| 担保阶段 | 待检验的各章数理模型研究结论 | 频次 | 典型引用语 |
|---|---|---|---|
| 保后监管阶段 | 在保后监管阶段，当业务经理风险控制能力提高时，担保企业对该阶段业务经理的正激励强度先减小后增大（两阶段多任务道德风险） | 18 | 业务经理风控能力的提升，有利于保后监管阶段对项目的风险控制。但是，重要的是，需要业务经理投入一定时间和精力把控风险，并且需要有责任心。因此，可通过制定奖惩制度约束其行为 $HY_4$ $SY_5$ $CY_4$ $YY_3$ $HB_1$ |
| | 随着业务经理在尽职调查和保后监管两阶段间努力水平影响程度增大，担保企业对业务经理在保后监管阶段的正激励强度应增大（两阶段多任务道德风险） | 22 | 为确保业务顺利解保，应适当加大激励，引导业务经理关注保后监管的业务 $HY_6$ $SY_4$ $CY_4$ $YY_6$ $CB_1$ $YB_1$ |
| | 随着业务阶段间的努力影响增大，保后监管阶段的正激励增加（三阶段道德风险） | 23 | 担保业务前两个阶段工作做到位了，也不能保证客户企业在之后的经营中不发生变化，故要加大解保奖的力度，确保项目顺利解保 $HY_6$ $SY_5$ $CY_4$ $YY_5$ $HB_1$ $YB_1$ |
| | 随着业务经理道德敏感度增加，保后监管阶段的正激励应增加，且增加的速率呈现减小趋势（三阶段道德风险） | 27 | 业务经理道德水平比较高时，可以在保后监管阶段自律，不必为此额外奖励 $HY_6$ $SY_5$ $CY_5$ $YY_6$ $HB_1$ $SB_1$ $CB_1$ $YB_1$ |
| | 随着担保企业代偿损失分担率提高，保后监管阶段，由负激励逐渐转成正激励，且增加的速率也呈递增趋势（三阶段道德风险） | 20 | 担保业务一旦发生代偿，作为惩罚，业务经理需要承担一定损失。但是，也应考虑对其顺利解保项目进行正激励激励。对其正的激励强度应大于惩罚力度 $HY_4$ $SY_5$ $CY_4$ $YY_{51}$ $CB_1$ $YB_1$ |

表 10.3　调研对象风险控制经理回答中关键词句的出现频次与典型引用语

| 担保阶段 | 待检验的研究结论 | 频次 | 典型引用语 |
|---|---|---|---|
| 尽职调查阶段 | 当风控经理风险规避度增加时，担保企业对风控经理的正激励逐渐减小（双边道德风险） | 12 | 虽然风控经理应以谨慎态度调查项目，但是过分保守，不利于担保业务开展，不应鼓励这种行为 $HF_3$ $SF_2$ $CF_3$ $YF_4$ $HB_1$ $SB_1$ |
| | 随着风控经理操作担保项目的难度增加，担保企业对风控经理的正激励应减小（双边道德风险） | 16 | 项目难度超出风控人员的能力范围时，应选择放弃此项目，不应鼓励继续操作该业务 $HF_4$ $SF_3$ $CF_4$ $YF_3$ $CB_1$ $YB_1$ |

续表

| 担保阶段 | 待检验的研究结论 | 频次 | 典型引用语 |
| --- | --- | --- | --- |
| 尽职调查阶段 | 随着风控经理工作能力提升，担保企业对风控经理的正激励强度应增大（双边道德风险） | 14 | 给予风控经理适当激励，可提高其工作积极性，更好地对风险进行控制 $HF_3$ $SF_3$ $CF_3$ $YF_3$ $HB_1$ $YB_1$ |
| | 当风控经理持有同一风险规避度时，随着业务经理激励强度的增加，担保企业对风控经理的正激励强度减小（双边道德风险） | 15 | 业务经理的激励可与担保业务收入挂钩，风控经理不应与之挂钩，否则会诱导其与业务经理合谋骗取业务承保 $HF_3$ $SF_4$ $CF_3$ $YF_3$ $CB_1$ $YB_1$ |
| | 业务经理和风控经理操作相同难度的担保项目，当担保企业对业务经理的正激励强度增大时，对风控经理的正激励强度也应下降（双边道德风险） | 12 | 两者共同操作某一担保项目时，可给予风控经理少许奖励来鼓励其更好地控制风险 $HF_3$ $SF_2$ $CF_3$ $YF_2$ $CB_1$ $YB_1$ |
| | 对于相同工作能力水平的业务经理和风控经理而言，担保企业对业务经理的正激励强度增大时，对风控经理的正激励强度也应增加（双边道德风险） | 11 | 业务经理获得奖励的数额在某些程度上会影响风控经理的心理，从而影响控制风险的工作效果，因此应给予其适当激励 $HF_3$ $SF_2$ $CF_2$ $YF_3$ $SB_1$ $CB_1$ |

表10.4　调研对象业务评委回答中关键词句的出现频次与典型引用语

| 担保阶段 | 待检验的研究结论 | 频次 | 典型引用语 |
| --- | --- | --- | --- |
| 业务评审阶段 | 随着担保业务评委团队成员的业务能力增强，对其正激励的强度应增大。而当评委团队人数规模增大时，应适当对其强化正激励（双边团队道德风险） | 12 | 担保业务评委业务能力对风控把关很重要，业务能力强，激励强度也应加大。而评委团队人数增加，虽然对业务评审有益，但是也增加了评委间沟通等的工作量，也需要增加正激励 $HP_2$ $SP_2$ $CP_2$ $YP_2$ $HZ_1$ $SZ_1$ $CZ_1$ $YZ_1$ |
| | 当担保评委团队成员承担的代偿损失比例处于偏低水平时，对其激励的方式和强度存在不确定性；而代偿损失比例处于中等和偏高水平时，可不给予其激励。随着担保业务评委人数增加，如果施 | 11 | 目前的做法，一旦发生风险代偿，担保评委并不承担代偿损失。其实，风险代偿责任不应由业务经理一人承担，担保评委也有把关责任。应根据责任大小，给予其一定的惩罚。但是，评委人数增加会增加评委沟通协调的工作量，也考虑给予一定补 |

续表

| 担保阶段 | 待检验的研究结论 | 频次 | 典型引用语 |
|---|---|---|---|
| 业务评审阶段 | 加激励，则对其正激励强度要逐渐变化为大于负激励强度（双边团队道德风险） | | 偿 $HP_2$ $SP_1$ $CP_2$ $YP_1$ $HZ_1$ $SZ_1$ $CZ_1$ $YZ_1$ |
| | 当评委团队成员风险规避度为风险偏好和风险厌恶时，不应对其施加正激励或负激励；而为风险中性时，对其激励方式和强度存在不确定性（双边团队道德风险） | 11 | 担保业务评委评审担保业务时，对待风险的态度是决定项目通过与否的重要因素。因此，担保评委应保持风险中性的态度，把关适度 $HP_2$ $SP_1$ $CP_2$ $YP_2$ $HZ_1$ $SZ_1$ $CZ_1$ $YZ_1$ |
| | 随着评委成员间协作度的增加，对评委团队总体的激励强度应增大（团队多任务道德风险） | 11 | 评委团队评审业务时需要相互之间高度合作，应增大对其激励强度 $HP_1$ $SP_2$ $CP_2$ $YP_2$ $HZ_1$ $SZ_1$ $CZ_1$ $YZ_1$ |
| | 在评委间协作度相同且年担保承保业务量一定的条件下，随着评委人数的增多,对其激励强度应增大(团队多任务道德风险） | 10 | 评委团队规模增大，虽然对评审把关业务有利，但是也增大了评委间协作的难度、沟通的工作量，需要给予其一定补偿 $HP_2$ $SP_2$ $CP_2$ $YP_2$ $HZ_1$ $YZ_1$ |
| | 在评委间协作度相同且评委人数一定的条件下，随着年担保承保业务量的增多，对其激励强度应减小（团队多任务道德风险） | 12 | 条件相同下，年承保业务量不应超过评委评审业务的能力范围，以免仓促评审，留下隐患；对年承保量应设置合理范围 $HP_2$ $SP_2$ $CP_2$ $YP_1$ $HZ_1$ $SZ_1$ $CZ_1$ $YZ_1$ |
| | 随着担保评委团队承担代偿风险的比例增加，对评委团队总的激励强度呈减小趋势（团队多任务道德风险） | 6 | 应根据担保业务评委责任大小，承担一定代偿损失。承担代偿损失比例增加，意味着业务评委最终实际待遇下降 $HP_2$ $SP_1$ $CP_2$ $YP_1$ $HZ_1$ $SZ_1$ |
| | 当承保的担保业务量一定时，随着评委人数增加，应增大对其激励强度（团队多任务道德风险） | 10 | 评委团队规模增大，沟通的工作量相应增大，应给予其一定补偿 $HP_2$ $SP_2$ $CP_2$ $YP_2$ $HZ_1$ $CZ_1$ |
| | 当评委人数一定时，随着承保的担保业务量增加，应减小对其激励强度（团队多任务道德风险） | 13 | 担保业务评审业务量应有限定范围，一旦超过限定范围,评委有可能因为精力不足，造成风险隐患。$IIP_2$ $SP_2$ $CP_2$ $YP_2$ $HZ_1$ $SZ_1$ $CZ_1$ $YZ_1$ |

续表

| 担保阶段 | 待检验的研究结论 | 频次 | 典型引用语 |
| --- | --- | --- | --- |
|  | 评委人数在10位左右，年承保的担保业务量在30单左右，这时对评委团队成员的激励强度应最大。随着年承保的担保业务量增多且评委团队成员人数减少，给予评委团队成员的激励强度应逐渐减小（团队多任务道德风险） | 7 | 一般而言，评委人数在10位左右，每年担保企业承保30单业务，是最优状态，可给予评委团队成员最大的正激励。业务量增加而评审人手不足，会有风险。此时不应再增加对其激励，应适当降低激励强度 $HP_2$ $SP_1$ $CP_2$ $YP_2$ $HZ_1$ |
| 业务评审阶段 | 在评议会审核阶段，随着评议会评委人数的增加，对该阶段评委的激励应减小。当评议会评委人数为3~5人规模且两阶段影响因子偏小或评委道德敏感度偏大时，对该阶段评委的激励强度应最大。当评委间的协作度为中等或高水平时，随着评委间协作度的增加，对该阶段评委的激励强度应递减（团队两阶段道德风险） | 10 | 在评议会阶段，评委的人数应适当，过多过少都不利于担保业务评审。在合理的人数范围内，评委人数增加，正激励强度应增大。评委的两阶段努力影响偏低且道德风险度偏大时，对该阶段评委的正激励强度应最大。评委间协作度中高水平时，随着协作度的增加，对该阶段评委的正激励强度应增大 $HP_1$ $SP_1$ $CP_2$ $YP_2$ $HZ_2$ $YZ_2$ |
|  | 在评审会审核阶段，随着评审会评委人数的增加且两阶段努力的影响因子减小，对该阶段评委应施以稍强的正激励。随着评委道德敏感度的减小或评委间的协作度的增加，对该阶段评委应强化正激励（团队两阶段道德风险） | 10 | 在评审会审核阶段，在合理的评委人数范围内，随着人数的增加，对该阶段评委的正激励应加强。如两阶段努力的影响减小，表明担保业务额度较小，不必经评审会评审,没必要对该阶段评委予以正激励。该阶段评委的道德敏感度增加，对该阶段评委的正激励强度可适当减小。评委团队协作度水平增加，对其正激励强度应增大 $HP_1$ $SP_2$ $CP_1$ $YP_2$ $HZ_1$ $YZ_1$ |
|  | 评议会评委的努力对评审会评委努力的影响对激励强度变化的影响并不显著（团队两阶段道德风险） | 10 | 评议会评委的努力对评审会评委的努力的影响，与激励的变化关联度不大 $HP_2$ $SP_1$ $CP_2$ $YP_1$ $HZ_2$ $YZ_2$ $CZ_1$ $YZ_1$ |

表 10.5　调研对象总经理回答中关键词句的出现频次与典型引用语

| 担保阶段 | 待检验的研究结论 | 频次 | 典型引用语 |
|---|---|---|---|
| 招聘过程 | 随着总经理的风险规避度提高，对其在职业道德、素质能力和责任心方面的激励强度不确定（单边道德风险） | 8 | 总经理作为担保企业高层经营管理者，通过对其审核招聘进来的业务人员的业绩表现来判断其在招聘人员方面的绩效，以此决定对其进行采取何种激励方式及激励强度等问题 $HZ_1$ $SZ_1$ $CZ_1$ $YZ_1$ $HZ_1$ $CZ_1$ $HP_1$ $CP_1$ |
| | 随着总经理道德敏感度增强，对其在职业道德、素质能力和责任心方面的激励强度应增大（单边道德风险） | 12 | 总经理道德敏感度水平提高后，担保企业提高对总经理的精神方面的认可，不必增加经济方面的激励 $HZ_1$ $SZ_0$ $CZ_1$ $YZ_1$ $HZ_1$ $SZ_1$ $CZ_1$ $YZ_1$ $HP_1$ $SP_1$ $CP_1$ $YP_1$ |
| | 随着总经理的努力标准提高，对其在职业道德、素质能力和责任心方面的激励强度应减小（单边道德风险） | 11 | 对总经理的工作努力标准提高相当于要求总经理对工作投入更多的努力，因此应加大奖励的力度 $HZ_1$ $SZ_1$ $CZ_1$ $YZ_0$ $HZ_1$ $SZ_1$ $CZ_1$ $YZ_1$ $HP_1$ $SP_1$ $CP_1$ $YP_1$ |
| | 随着担保企业收益的单位价值提高，对总经理在职业道德、素质能力和责任心方面的激励强度应增大（单边道德风险） | 12 | 担保企业收益的单位价值提升，说明担保企业综合实力强，与总经理的努力分不开。此时应该提高对总经理的奖励，鼓励其努力工作，为企业争取更多利益 $HZ_1$ $SZ_1$ $CZ_1$ $YZ_1$ $HZ_1$ $YZ_1$ $HP_1$ $YP_1$ |

表 10.6　调研对象业务部门主管回答中关键词句的出现频次与典型引用语

| 担保阶段 | 待检验的研究结论 | | 频次 | 典型引用语 |
|---|---|---|---|---|
| 培训过程 | 业务部门主管持风险中性态度 | 随着担保企业业务主管拥有担保知识量的增加，对业务部门主管激励强度增大（单边道德风险） | 10 | 部门经理工作经验越丰富，就越应该鼓励其向新员工传授经验 $HB_2$ $SB_2$ $CB_2$ $YB_2$ $HZ_1$ $CZ_1$ |
| | | 随着业务部门主管传授担保知识的责任感提高，对其激励强度应增大（单边道德风险） | 11 | 较强的工作责任感会促使业务部门主管培养新人，并不因为给予其激励才这样做 $HB_2$ $SB_1$ $CB_2$ $YB_1$ $HZ_1$ $SZ_1$ $CZ_1$ $YZ_1$ |
| | | 随着业务部门主管传授担保知识的道德敏感度增加，对其激励强度应增大（单边道德风险） | 101 | 业务部门主管认为有义务培训新员工，并不因为给予经济奖励才这样做 $HB_1$ $SB_2$ $CB_1$ $YB_2$ $HZ_1$ $SZ_1$ |

续表

| 担保阶段 | | 待检验的研究结论 | 频次 | 典型引用语 |
|---|---|---|---|---|
| | | 随着业务部门主管担保知识的传授能力提高，对其激励强度应增大（单边道德风险） | 11 | 企业可以通过奖励鼓励业务部门主管培养新员工 $HB_2$ $SB_2$ $CB_2$ $YB_2$ $SZ_1$ $CZ_1$ $YZ_1$ |
| | 业务部门主管持风险规避态度 | 随着担保企业业务主管拥有担保知识量的增加，对业务部门主管的激励强度增大（单边道德风险） | 11 | 部门经理有较多的工作经验，为新员工传授基本经验也不会对自身造成较大的损失；给予部门经理奖励可适当弥补其在培训新员工过程中投入的成本 $HB_2$ $SB_2$ $CB_2$ $YB_2$ $HZ_1$ $SZ_1$ $CZ_1$ |
| | | 随着业务部门主管传授担保知识的责任感提高，对其激励强度应增大（单边道德风险） | 10 | 部门业务主管的工作责任感越强，其就越愿意对工作投入更多的精力，带领新员工工作也可以是自身工作任务的一部分，并不因为经济方面有激励才带领新员工工作 $HB_1$ $SB_1$ $CB_2$ $YB_2$ $HZ_1$ $SZ_1$ $CZ_1$ $YZ_1$ |
| | | 随着业务部门主管传授担保知识的道德敏感度增加，对其激励强度应增大（单边道德风险） | 12 | 愿意承担带新员工的义务，并不是因为担保企业对业务主管有奖励而承担这种义务 $HB_2$ $SB_2$ $CB_1$ $YB_2$ $HZ_1$ $SZ_1$ $CZ_1$ $YZ_1$ |
| | | 随着业务部门主管传授担保知识的传授能力提高，对其激励强度应增大（单边道德风险） | 11 | 担保企业通过奖励来提高部门经理传授知识的产出 $HB_2$ $SB_2$ $CB_2$ $YB_1$ $HZ_1$ $SZ_1$ $CZ_1$ $YZ_1$ |
| | | 随着业务部门主管风险规避度的增加，对其激励强度应增大（单边道德风险） | 11 | 部门经理不喜欢冒风险，担心其带新员工的过程中付出的成本过多会损失自身的收益，故企业可以通过奖励来提高部门经理的收益 $HB_2$ $SB_2$ $CB_1$ $YB_2$ $HZ_1$ $SZ_1$ $CZ_1$ $YZ_1$ |
| | | 随着担保业务风险的不稳定性增加，对业务部门主管的激励强度应增大（单边道德风险） | 8 | 新员工可能无法操作业务风险过大的项目，需要老员工更好地为新员工传授经验，更快地提升新员工的实际工作能力，所以应加强对老员工的正激励 $HB_2$ $SB_1$ $CB_1$ $YB_2$ $HZ_1$ $YZ_1$ |

## 10.3 案例分析

本章运用的验证性案例研究通过对实际担保企业获得数据的分析来验证数理模型研究的结论。下文分别对业务经理、风控经理、业务评委、总经理和业务部门主管五类工作人员进行分析与解释。

### 10.3.1 防控业务经理道德风险的激励机制的案例分析

**1．业务经理与风控经理的双边道德风险中对业务经理的最优激励契约**

在尽职调查阶段，首先，业务经理应以中性风险态度审查客户企业的担保项目，既不应为了自己多收益而降低标准，也不应因过分求稳而丧失承保担保业务的机会。因此，当业务经理的风险规避度增加时，担保企业应减少其担保提成奖金。其次，当担保业务的操作难度增加，甚至超出业务经理的能力范围时，担保业务风险就会陡增。为控制担保风险，对于担保业务难度大的项目，应适当减少业务经理的担保提成奖金。再次，如果业务经理的业务能力提升，则可以在有效控制风险的前提下，拓展担保业务，增加承保量，适当增加业务经理的担保提成奖金。最后，由于业务经理与风控经理是独立前往客户企业进行尽职调查的，对两者的激励方式和强度应精心设计。具体言之，当业务经理和风控经理对待业务风险态度相同，或者两者操作的担保业务难度相当，或者两者的业务能力差不多时，如增大对风控经理的正激励强度，则对业务经理的正激励强度就不宜过高，以免双方为了促成项目承保而串谋。从担保操作实践来看，为促进业务经理开展业务，业务经理可以从担保收入中提成；而风控经理的作用是牵制业务经理，不宜给其过多提成，宜仅给予其适当奖励来激励其尽职调查的主动性和积极性。

**2．业务经理三阶段道德风险中对业务经理的最优激励契约**

第一，业务经理在尽职调查阶段的努力对后面两个业务阶段的风险控制有很大影响。在这尽职调查和业务评审两个业务阶段，业务经理如果真正能够尽责调查客户企业的担保项目并积极配合业务评委评审业务，就会减少担保项目在后续业务阶段发生风险的概率。因此，该阶段应增加业务经理的担保业务收入提成比例，才能达到激励效果。第二，在尽职调查阶段，随着业务经理道德敏感度的提升，即使不给予其高强度的正激励，业务经理也会有意识地约束自己的行为，故可适当降低其该方面的正激励强度。担保业务一旦发生风险代偿损失，业务经理有责任承担一定惩罚，但是负激励强度过大，也会影响业务经理操作下一笔担保业务的积极性，因此业务经理的担保收入提成比例应远大于担保代偿损失负担率。第三，在保后监管阶段，担保企业在业务的尽职调查和业务评审阶段，虽然对业务经理的激励比较强，但业务经理在前面两个阶段努力尽职调查，也不能保证担保业务在保后监管阶段不发生意外情况，因此为确保担保业务顺利解保，要加强解保奖激励。对于业务经理的道德敏感度和业务经理的担保代偿损失分担比例，与前两个业务阶段同理，在此不再赘述。

**3．两阶段多任务道德风险中对业务经理的最优激励契约**

第一，随着业务经理在尽职调查阶段的业务能力的提升，对该阶段业务经理的正激励强度增大，对其在保后监管阶段的正激励强度也应增大。第二，随着业务经理在尽职调查阶段的风险控制能力的提升，对该阶段业务经理的正激励强度也应增大，对业务经理在保后监管阶段的激励，应根据客户企业的具体情况制定奖惩制度，如果客户企业经营出现危机，则应降低业务经理的正激励强度促使其关注客户企业的经营状况；如果客户企业经营顺利，则应适当增加对业务经理的正激励，促使其尽快解保。第三，当业务经理在尽职调查阶段兼顾业务开展和风险控制两任务难度为中低水平时，担保企业对业务经理可施加中低强度的正激励，而当兼顾两任务的难度很高时，对业务经理可增大正激励强度。但是当兼顾难度超出业务经理的能力范围时，则不应再增大正激励强度，而应该理智放弃该业务。而在保后监管阶段，担保业务已经接近解保，为促使业务顺利解保，应对业务经理增强正激励。第四，当业务经理在尽职调查和保后监管两阶段间的努力影响增大时，也就是说，业务经理在尽职调查阶段努力工作，会对保后监管产生较大影响。因此，有必要增大对业务经理在尽职调查阶段的正激励强度，从而减少保后监管阶段的业务风险隐患。同时，对业务经理在保后监管阶段也应增大正激励强度，促使其尽早解保。第五，业务经理在保后监管阶段的风控能力增强，表明业务经理在尽职调查阶段的业务能力也不弱，故对其在尽职调查阶段应提高担保收入提成比例。而在保后监管阶段，应根据客户企业的经营状况采取合适的激励方式和强度。如客户企业经营不善，则对业务经理采取负激励；如果客户企业经营良好，则对业务经理增大正激励强度。

### 10.3.2　防控风控经理道德风险的激励机制的案例分析

首先，风控经理如果对待风险的态度是风险规避的，就表示风控经理不愿冒风险，只会选择有把握的担保项目。此时，担保企业可以适当减少对风控经理的激励，既节约了成本，也不会影响风控经理对项目的审核工作。

其次，风控经理都是从业务经理中选拔优秀的业务人员担任。在担保实践操作中，如果是风控经理认为有难度的担保项目，对于业务经理而言可能难度会更大。风控经理如果判断担保项目的难度处于业务经理的能力范围，则可以操作。但是如果风控经理判断担保项目难度已经超出业务经理的能力范围，则应建议业务经理理智舍弃该项目，以免后续造成重大风险代偿。因此，当风控经理认为项目难度较高时，应适当减少对其正激励，以更好地防控风险。

再次，如果风控经理的工作能力水平提高了，担保企业应增大对其正激励强度，鼓励其挖掘白身潜力，进而更好地把控项目风险，监控业务经理尽职调查。

最后，受访的大部分风控经理认为，风控经理的奖金不宜与担保业务收入挂钩，至少不能挂钩过于紧密。在尽职调查阶段，风控经理与业务经理是相互牵制和相互监督关系。只有保证风控经理与担保收入较少牵涉利益关联的情况下，风控经理才会客观公正地对担保项目进行审核调查，而不会没有原则地盲目促成担保业务承保，自己从中受益。因此，担保企业对风控经理的激励应适当增加，但不应与业务经理提成担保收入的水平相当。

### 10.3.3 防控担保业务评委团队道德风险的激励机制的案例分析

**1. 双边团队道德风险中对评委团队的最优激励契约**

在担保项目业务评审中，业务经理和风控经理可以视为一方，也可视为一个“团队”，要配合业务评委团队对担保项目进行评审。在评审业务的过程中，首先，担保企业对评委团队成员中评审能力强的评委，应加大正激励的力度。且随着担保评委团队人数规模增大，评委间需要沟通的工作量也相应增加，因此对评委团队成员应额外给予正激励。其次，就目前担保企业的实践工作看，担保代偿风险由业务经理一人承担。然而，在担保业务的整个业务流程中，风控经理和业务评委在业务尽职调查和评审中起把关作用，须承担一定责任。因此，一旦发生担保业务代偿风险损失，应从代偿损失的责任大小角度考虑，给予担保业务评委一定的经济惩罚，以约束其评审中不尽责的行为。最后，担保业务评委在评审业务时，对待担保的态度也很重要，风险规避和风险偏好的态度都不利于担保业务风险的把控，应保持风险中性的态度，把关适度。

**2. 团队多任务道德风险中对评委团队的最优激励契约**

在担保业务评审中，可从担保业务评委内部角度考虑如何防控评委成员的道德风险。首先，评委团队成员共同评审担保业务，需要评委之间高度协作。因此，随着评委团队成员间协作度增加，应增大对其正激励强度。其次，当评委团队协作度一定时，评委团队人数规模增大，评委之间的沟通协调的工作量也会增加，因为评委对每个担保项目所持有的态度和关注的角度不同，不同的想法就会越多，分歧可能就会越多。因此，担保企业可以通过激励的方式，促进成员间更好地交流沟通，更好地合作。因此应增加对评委的正激励。担保实践表明，评委人数在10位左右，年承保的担保业务量在30单左右，这时担保业务开展和风险控制会达到较好的平衡状态，对评委团队成员的激励强度应最大。再次，当评委团队协作度和人数规模均保持一定时，出于担保风险控制的考虑，当担保企业年承保的业务量达到一定上限时，不应再激励业务评委评审通过担保业务，而应通过适当降低对其正激励来警示业务评委对担保业务风险做好把控。最后，通过上面的分析可知，在担保项目发生代偿风险损失时，应根据责任大小，对相关业务评委给予一定惩罚。随着担保评委团队承担代偿风险的比例增加，意味着业务评委最终的实际薪酬水平是下降的，也就是对评委团队总的激励强度呈减小趋势。

**3．团队两阶段道德风险中对评委团队最优激励契约**

担保企业根据担保项目担保额大小，对评审业务的评委团队的权限有规定，评议会只能评审担保额在一定额度以下的担保项目。

在评议会阶段，评委的人数应维持在一定的数量范围内。在这个范围内，随着评委人数的增加，评委间协调沟通的工作量也增加了，应该增大对其正激励强度。其次，评议会对超过担保额度的项目不是不能评审，而是初审，审核通过后还要呈报担保企业的评审会进行二次评审。如果初审不通过就淘汰该项目。那么，如评议会评委的努力和评审会评委努力的影响大，为促使评议会评委在初步评审时努力工作，不把评审责任全部责任推给评审会，还应加强对其正激励。但是，如果评委的两阶段努力影响偏低且道德风险度偏高，说明虽然评委的道德风险偏高，但是若该担保业务担保额较小，项目由评议会评审就可以满足评审要求，因此对该阶段评委的正激励强度应最大。再次，评委道德敏感度高的话，由上文分析可知，可适度降低对评议会评委的正激励强度。最后，当评委团队成员间协作度处于中高水平时，随着协作度提高，对其正激励强度应增大。

在评审会阶段，评委人数应在合适的范围内，随着评委人数增加，对其正激励强度应增大。其次，评议会评委努力对评审会评委努力的影响减小，说明担保项目额度没有超过额度，可以由评议会评委决定是否承保，因此没必要再对评审会评委进行正激励。再次，若评委道德敏感度高，可适度降低对评审会评委的正激励强度。最后，评审会评委间的协作度增加，也应增大对其正激励强度。

### 10.3.4 防控总经理道德风险的激励机制的案例分析

(1)担保企业总经理的风险规避度提高，对其在职业道德、素质能力和责任心方面的最优激励并不确定。在招聘工作中，担保企业总经理的道德风险表现为在招聘工作中个人权力过大，个人意志超过公司制度。例如，在招聘担保企业业务人员过程中，个别总经理的意见往往起决定作用，经常不按招聘制度招人。担保企业总经理在招聘中持风险厌恶态度，表明其对招聘人员持谨慎态度，但是这并不能表明总经理在招聘中很专业，因此不能仅仅依据其风险规避度提高，而增加对其激励。由总经理审批招聘的业务经理在业务操作中的表现和业绩，可以作为判断总经理在招聘过程中是否客观公正、不营私舞弊的依据。

(2)担保企业总经理道德敏感度增强，对其在职业道德、素质能力和责任心方面的激励强度应当减小。总经理道德敏感度高，表明其在招聘等工作中能较好地约束自己做出败德的行为。总经理属于企业高管，更看重自己的声誉和在企业中的地位。因此，应该通过精神层面的激励，引导总经理自律，而不是仅靠经济手段去激励。

(3)担保企业对总经理制定的努力标准越高，对其在职业道德、素质能力和责任心方面的激励强度应越大。企业为总经理制定的工作标准会影响其付出的努力水平，制定的标准越高，就要求总经理为达到标准付出越多的努力，因此应给予总经理正激励。

(4) 担保企业年度收益的平均单价提高，对总经理在职业道德、素质能力和责任心方面的激励强度应增大。担保企业年度收益的平均单价提高，就表明企业的经营业绩比较理想。这与总经理的尽力经营管理分不开。因此，应增大对总经理在职业道德、素质能力和责任心方面的激励强度，以促使总经理严格遵守企业招聘流程标准，公平客观地选拔业务人员。

### 10.3.5　防控业务部门主管道德风险的激励机制的案例分析

(1) 业务部门主管在风险中性条件下，一方面，随着业务部门主管拥有的担保知识量的增大、传授担保知识的能力增强，担保企业对其激励强度应该增大。业务部门主管拥有较丰富的工作经验，而对于新员工来说，仅仅靠公司的前期培训只能学到入职培训内容，不具备操作业务的能力，而部门业务主管等资深业务人员带新员工的方式可以让每个新员工更快地胜任工作。担保企业可以通过给予业务部门主管等资深业务人员激励，来引导其自愿传授业务操作工作经验。另一方面，随着业务部门主管责任感或道德敏感度的提高，对其激励强度可适当减小。因为当业务部门主管的责任心和道德敏感度水平提升后，即使不给予其经济方面较高的激励，其自律能力也会相应提高。

(2) 业务部门主管在风险规避条件下，一方面，随着业务部门主管拥有的担保知识量的增大、传授担保知识的能力增强，担保企业对其正激励强度应该增大。业务部门主管培训新员工时需要其投入较多的时间和精力，且可能会导致自身收益不增反减，因此，如果业务部门主管对风险持有规避态度，那么企业鼓励业务部门主管培训新员工的任务可能就会遭到抵制，此时担保企业就需要给予业务部门主管额外的奖金，使业务部门主管带新员工得到的收益大于其放弃此任务时得到的收益。另一方面，随着业务部门主管风险规避度的增加或担保业务风险变动剧烈时，对业务部门主管的正激励强度应增大。业务部门主管的风险规避度增加，表明业务部门主管较顾忌自己的担保经验传授后，自己的利益是否受损。而担保业务的风险变动加大，则表明担保市场风险变大，新业务经理操作业务的难度也会变大，因此更需要激励业务部门主管向新业务经理传授担保业务实践操作经验。

## 10.4 模型研究结论的修正

结合担保企业的实践工作经验和具体业务操作，本章运用案例研究方法对本书第3～9章研究结论进行了检验，结果大部分的研究结论通过了检验。没有通过检验的研究结论，本章予以了修正，如表10.7所示。

表10.7 数理模型研究结论的修正

| 研究对象及问题 | 没有通过案例研究检验的数理模型研究结论 | 修正后的研究结论 |
| --- | --- | --- |
| 业务经理两阶段多任务道德风险 | 尽职调查阶段，当两任务的兼顾难度为中低等水平时，担保企业对其正激励强度维持在中低水平；当两任务的兼顾难度为高水平时，对其正激励强度应先适当降低，然后大幅度增大 | 尽职调查阶段，当两任务的兼顾难度为中低等水平时，担保企业对其正激励强度维持在中低水平；当两任务的兼顾难度为高水平时，在不超出业务经理的能力范围的条件下，对业务经理予以适度正激励 |
| | 随着业务经理保后监管阶段风险控制能力的提升，担保企业对业务经理尽职调查阶段的正激励强度减小 | 随着业务经理保后监管阶段风险控制能力的提升，担保企业对业务经理尽职调查阶段的正激励强度增大 |
| 业务经理双边道德风险 | 对于业务能力水平相同的业务经理和风控经理而言，对风控经理正激励强度增大时，对业务经理的正激励强度也应增大 | 对于业务能力水平相同的业务经理和风控经理而言，风控经理的激励不应过多与担保收入挂钩，且对业务经理的正激励应远强于风控经理 |
| 业务经理三阶段道德风险 | 随着业务阶段间的努力影响增大，尽职调查阶段，对业务经理的负激励应增加，且增加的速率呈递增趋势 | 随着业务阶段间的努力影响增大，尽职调查阶段，应增强对业务经理的正激励 |
| | 随着业务阶段间的努力影响增大，项目评审阶段的负激励应减小 | 随着业务阶段间的努力影响增大，业务评审阶段，应增大对业务经理的正激励 |

续表

| 研究对象及问题 | 没有通过案例研究检验的数理模型研究结论 | 修正后的研究结论 |
|---|---|---|
| | 随着业务经理的道德敏感度增加，保后监管阶段的正激励应增加，且增加的速率呈现减小趋势 | 随着业务经理的道德敏感度增加，保后监管阶段的正激励可适当减少 |
| 业务评委双边团队道德风险 | 当担保评委团队成员承担代偿损失比例处于偏低水平时，对其激励的方式和激励强度存在不确定性；而代偿损失比例为中等和偏高水平时，可不给予其激励。随着担保业务评委人数增加，如果施加激励，则对其正激励强度要逐渐变化为大于负激励强度 | 担保业务发生代偿损失，应根据责任大小，让担保评委承担一定损失。而评委团队人数规模增加后，对其正激励强度要增大，而且要超过由于代偿损失负激励的强度 |
| 业务评委团队多任务道德风险 | 在评委间协作度相同且评委人数一定的条件下，随着年担保承保业务量的增多，对其激励强度应减小 | 在评委间协作度相同且评委人数一定、在年承保业务量不超出评委评审业务能力的条件下，应给予其正激励 |
| | 当评委人数一定时，随着承保的担保业务量增加，应减小对其激励强度 | 年承保业务量不应超过评委评审业务的能力范围，以免仓促评审，留下隐患；对年承保量应设置合理范围 |
| 业务评委团队两阶段德风险 | 在评议会审核阶段，随着评议会评委人数的增加，对该阶段评委的激励应减小。当评议会评委人数为 3~5 人规模且两阶段影响因子偏小或评委道德敏感度偏大时，对该阶段评委的激励强度应最大 | 在评议会阶段，在正常人数范围内，评委人数增加，正激励强度应增大。评委的两阶段努力影响降低时，对该阶段评委的正激励强度增大。当评委道德敏感度增大时，对其正激励强度可适当降低 |
| | 在评审会审核阶段，随着评审会评委人数的增加且两阶段努力的影响因子减小，对该阶段评委应施以稍强的正激励。随着评委道德敏感度的减小或评委间的协作度的增加，对该阶段评委应强化正激励 | 两阶段努力的影响减小，对该阶段评委的正激励强度应适当减小。该阶段评委的道德敏感度增加，对该阶段评委的正激励强度可适当减小 |
| 担保企业总经理招聘工作中的道德风险 | 随着总经理道德敏感度增强，对其在职业道德、素质能力和责任心方面的激励强度应增大 | 总经理道德敏感度水平提高，对其在职业道德、素质能力和责任心方面不必给予额外正激励 |

续表

| 研究对象及问题 | 没有通过案例研究检验的数理模型研究结论 | 修正后的研究结论 |
|---|---|---|
| | 随着总经理努力标准提高，对其在职业道德、素质能力和责任心方面的激励强度应减小 | 对总经理的工作努力标准提高，对其在职业道德、素质能力和责任心方面，应增大正激励强度 |
| 业务部门主管培训工作中的道德风险 | 业务部门主管持风险中性或风险规避态度时，随着业务部门主管传授担保知识的责任感提高，对其激励强度应增大 | 业务部门主管持风险中性或风险规避态度时，随着业务部门主管传授担保知识的责任感提高，不必给予其额外正激励 |
| | 业务部门主管持风险中性或风险规避态度时，随着业务部门主管传授担保知识的道德敏感度增加，对其激励强度应增大 | 业务部门主管持风险中性或风险规避态度时，随着业务部门主管传授担保知识的道德敏感度增加，不必给予其额外正激励 |

# 第 11 章　研究结论与管理实践建议

## 11.1　研究结论

道德风险问题作为委托代理问题中的中心问题，主要通过激励约束机制来解决[101]。本书的激励机制强调，不宜过多通过制定强制性的制度规定来约束工作人员的行为，而要通过设计科学合理的激励机制，来引导并调动代理人的工作积极性，最终达到规避道德风险的目的。这正是本书运用激励机制来防控道德风险的初衷。

本章基于第3~9章的各类道德风险数理模型的结论，并结合第10章的案例研究对这些模型结论检验的结果，得出如下研究结论。

### 11.1.1　防控业务经理的道德风险的激励机制

**1. 防控业务经理三阶段道德风险的激励机制**

(1) 在尽职调查阶段，随着业务阶段间的努力影响增大，应增加对业务经理的正激励。随着业务经理的道德敏感度增加，尽职调查阶段对业务经理的正激励应降低。随着担保企业代偿损失分担率的提高，尽职调查阶段对业务经理的正激励应增加。

(2) 在业务评审阶段，随着业务阶段间的努力影响增大，应增加对业务经理的正激励。随着业务经理的道德敏感度增加，业务评审阶段对业务经理的正激励应降低。随着担保企业代偿损失分担率提高，项目评审阶段对业务经理的正激励应增加，且增加的速率呈递增趋势。

(3)在保后监管阶段，随着业务阶段间的努力影响增大，应增加对业务经理的正激励。随着业务经理道德敏感度增加，保后监管阶段对业务经理的正激励应降低。随着担保企业代偿损失分担率提高，保后监管阶段，对业务经理应由负激励逐渐转成正激励，且增加的速率呈递增趋势。

### 2．防控业务经理双边道德风险的激励机制

(1)当业务经理的风险规避度增加时，对业务经理的正激励逐渐减小。而当业务经理风险规避度不变时，随着风控经理激励强度的增大，对业务经理的正激励强度应减小。

(2)随着业务经理操作担保项目的难度增加，担保企业对业务经理的正激励应减小。在业务经理和风控经理面对相同难度的担保项目时，当担保企业对风控经理的正激励强度增大时，对业务经理的正激励强度应下降。

(3)随着业务经理工作能力提升，担保企业对业务经理的正激励强度应增大。如果业务经理和风控经理业务能力相当，风控经理的激励不应过多与担保收入挂钩，且对业务经理的正激励应远大于风控经理。

### 3．防控业务经理两阶段多任务的激励机制

(1)在尽职调查阶段，随着业务经理风险控制能力的提升，对该阶段的业务经理的正激励强度应增大。担保企业对业务经理在保后监管阶段的正激励强度先递减后递增。在保后监管阶段，随着业务经理该阶段风险控制能力的提升，担保企业对保后监管阶段的业务经理的正激励强度应先减小后增大，而对业务经理在尽职调查阶段的正激励强度应增大。

(2)在尽职调查阶段，当两任务的兼顾难度为中低等水平时，担保企业对其正激励强度维持在中低水平；当两任务的兼顾难度为高水平时，在不超出业务经理的能力范围条件下，对业务经理予以适度的正激励。在保后监管阶段，

当业务经理兼顾两项子任务的难度增大时，担保企业对业务经理的激励强度应增大。

(3) 在尽职调查阶段，随着业务经理业务开展能力的提升，担保企业对该阶段业务经理的正激励强度应增大。对其在保后监管阶段的正激励强度应增大。

(4) 随着业务经理在尽职调查和保后监管两阶段间努力水平的影响程度变大，担保企业对业务经理尽职调查阶段的正激励强度增大，担保企业对业务经理在保后监管阶段的正激励强度也应增大。

### 11.1.2　防控风控经理道德风险的激励机制

(1) 当风控经理风险规避度增加时，担保企业对风控经理的正激励逐渐减小。当业务经理与风控经理持有同一风险规避度时，若担保企业对业务经理的激励强度增大，担保企业对风控经理的正激励强度减小。

(2) 随着风控经理操作担保项目的难度增加，担保企业对风控经理的正激励应减小。业务经理和风控经理操作相同难度的担保项目时，若担保企业对业务经理的正激励强度增大，对风控经理的正激励强度应减小。

(3) 随着风控经理的工作能力提升，担保企业对风控经理的正激励强度应增大。对于工作能力相同的业务经理和风控经理而言，当担保企业对业务经理的正激励强度增大时，对风控经理的正激励强度也应增大。

### 11.1.3　防控担保业务评委团队道德风险的激励机制

#### 1. 防控担保业务评委双边团队道德风险的激励机制

(1) 随着担保业务评委团队成员的业务能力增强，对其正激励强度应增大。而当评委团队人数规模增大时，应适当对其强化正激励。

(2) 担保业务发生代偿损失，应根据责任大小，让担保评委承担一定损失。当评委团队人数规模增加时，对其正激励强度要增大，而且要超过由于代偿损失负激励的强度。

⑶ 当评委团队成员的风险规避度为风险偏好和风险厌恶时，不应对其施加正激励或负激励；而为风险中性时，对其激励的方式和强度存在不确定性。

2. 防控担保业务评委团队多任务道德风险的激励机制

⑴ 随着评委成员间协作度的增加，对评委团队的激励强度应增大。

⑵ 在评委间协作度水平一定、评委人数一定且年承保业务量不超出评委评审业务能力范围时，随着年担保承保业务量的增多，应给予评委团队成员正激励。评委人数在10位左右，年承保的担保业务量在30单左右，对评委团队成员的激励强度应最大。

⑶ 当承保的担保业务量一定时，随着评委人数的增多，对其激励强度应增大。

⑷ 随着年承保的担保业务量增多且评委团队成员人数减少，给予评委团队成员的激励强度应逐渐减小。

⑸ 随着担保评委团队承担代偿风险的比例增加，对评委团队总的激励强度呈减小趋势。

3. 防控担保业务评委团队两阶段道德风险的激励机制

⑴ 在评议会阶段，若评委人数在合适范围内，随着人数增加，对其正激励强度应增大。两阶段评委努力影响偏低且评委道德敏感度偏高时，对该阶段评委的正激励强度应最大。评委间协作度处于中高水平时，随着协作度的增加，对该阶段评委的正激励强度可适当增大。

⑵在评审会阶段，若评委人数在合适范围内，随着评审会评委人数的增加，对其正激励强度应增大。两阶段评委努力影响降低时，对该阶段评委的正激励强度应适当减小。该阶段评委的道德敏感度增加时，对该阶段评委的正激励强度可适当减小。该阶段评委间协作度增加，对其正激励强度也应增大。

⑶ 评议会评委的努力对评审会评委的努力的影响对最优激励的变化的影响关联度不大。

### 11.1.4　防控总经理道德风险的激励机制

(1) 对于担保企业总经理的风险规避度因素，随着总经理的风险规避度的提高，对其在职业道德、素质能力和责任心方面的激励强度并不确定。

(2) 随着总经理道德敏感度的增强，对其在职业道德、素质能力和责任心方面不必给予额外正激励。

(3) 随着担保企业给总经理制定的职业道德、素质能力和责任心方面的努力标准的提高，对其在这三方面的激励强度应增大。

(4) 对于担保企业年度收益的平均单价因素，随着担保企业收益的单位价值的提高，对其在职业道德、素质能力和责任感方面的激励强度应增大。

### 11.1.5　防控业务部门主管道德风险的激励机制

(1) 在业务部门主管持风险中性态度时，随着担保企业业务部门主管拥有的担保知识量的增加，对业务部门主管的激励强度应增大；随着业务部门主管传授担保知识的责任感和道德敏感度的提高，不必给予额外的正激励；随着业务部门主管传授担保知识的传授能力的提高，对其激励强度应增大。

(2) 在业务部门主管持风险规避态度时，随着担保企业业务部门主管拥有的担保知识量的增加，对业务部门主管的激励强度应增大；随着业务部门主管传授担保知识的责任感和道德敏感度的提高，不必给予其额外的正激励；随着业务部门主管传授担保知识的传授能力的提高，对其激励强度应增大；随着业务部门主管风险规避度的增加，对其激励强度应增大；随着担保业务风险的不稳定性增加，对业务部门主管的激励强度应增大。

## 11.2　管理实践建议

### 11.2.1　防控业务经理道德风险的实践启示

担保业务经理是贯穿整个担保流程的核心工作人员。本书考虑三种不同情境下业务经理可能发生的道德风险，并分别给出担保实践管理建议。

1．防控担保企业业务经理三阶段道德风险的实践启示

(1)在担保业务的尽职调查阶段，担保业务经理在该阶段的努力对业务评审阶段以及保后监管阶段的努力均会产生不小的影响。这也就是说，担保业务经理在第一阶段努力尽职调查，排查担保业务风险，那么在后面两个阶段的担保风险隐患就要少很多，基本能够确保项目后续正常解保。因此，当业务各阶段之间的努力影响增大时，在尽职调查阶段应增大对业务经理的担保收入提成比率，促使业务经理在该阶段努力工作。其次，业务经理道德敏感度因素在操作担保业务中也很重要。业务经理的道德水准和道德意识达到一定水平后，会自觉约束自己的行为，并不需要施加额外的激励。因此，对于道德敏感度较高的业务经理，可以适当降低对其正激励强度。需要注意的是，有关道德敏感度方面的正激励应该是其业务提成奖金之外的奖励形式，不应影响担保业务收入的提成奖。最后，在现行的担保企业制度中，担保业务经理对担保项目的风险是负全责的。而担保风险代偿损失发生后，损失全部由业务经理和担保企业承担，风控经理和业务评委没有任何责任，这对业务经理是不公平的。因此，如果担保企业代偿损失分担率提高了，那么在尽职调查阶段对业务经理的担保业务提成比例也应相应提高。不然，如果业务经理最后的实际收益下降，会极大挫伤业务经理的工作积极性，最终也会影响担保企业的收益。

(2)在业务评审阶段，业务经理和风控经理将优质担保项目推荐给担保企业进一步审核。担保业务评委团队成员对担保业务严格审核，待通过后担保企业就正式承保。这时，担保企业就从担保收入中按一定比例奖励业务经理。因此，担保业务经理尽职调查阶段的努力对后阶段影响越大，就越应该强化对其正激励，促使业务经理在严把项目质量关的同时，多为担保企业推荐优质担保项目。其次，就业务经理的道德敏感度而言，同理，业务经理的道德意识水平高，可以适当降低对其正激励。最后，就代偿损失分担率而言，业务经理分

担代偿损失比例越高，对其正激励应越强；而且代偿损失比例增加速率提高越快，相应地，正激励增加的速率也应提高。要想总的激励效果要达到，得保证业务经理赔偿代偿损失后仍有较多的业务奖金正激励，这样业务经理才会有继续开展业务的积极性和动力。

(3) 业务的前两个阶段如果对担保企业审核到位，就会极大降低担保企业在保后监管阶段的风险。然而，在保后监管阶段，客户企业经营状况也会发生变化，可能使得担保业务情况恶化导致代偿风险。因此，在保后监管阶段，仍然要激励业务经理关注项目后续发展状况。随着业务各阶段间的努力影响增大，仍然要增加对业务经理在该阶段的正激励。其次，对于道德敏感度因素，与上文同理，随着业务经理的道德敏感度增加，可以适当降低对业务经理的正激励。最后，在保后监管阶段，担保企业提高业务经理的代偿风险损失分担率，相当于给予业务经理负激励。但同时为促使业务经理顺利解保业务，仍然要给予其正激励，最好是要提高解保奖，激励其关注保后监管阶段的项目，以促使其尽快顺利解保。

**2．防控担保业务业务经理双边道德风险的实践启示**

(1) 业务经理在尽职调查阶段操作业务时，对待业务风险的态度决定了其积极还是消极操作业务。如果业务经理持风险规避态度，就不愿冒风险，持过于谨慎的风险态度会丧失很多业务开展的机会。因此，当业务经理的风险规避度增加时，对业务经理的正激励应减小。而当业务经理风险规避度保持不变时，为有效防控担保风险，风控经理和业务经理的正激励不宜同时增加，以免两者串谋损害担保企业的利益，即若增大风控经理的正激励强度，对业务经理的正激励强度应适当减小。

(2) 担保业务额度较大时，通常担保业务操作的难度也较大。这时，如果业务经理不注意项目中隐含的担保风险，极容易造成项目后阶段的代偿风险。一般而言，担保企业会根据受理的担保业务的担保额度大小，授予业务经理一定操作业务权限。当担保额超过额度时，就需要增加业务经理或者委派资深业务经理操作业务。因此，在担保实务操作中，担保项目的难度增加，对业务经理的正激励应适当减小，以提醒其关注项目风险。其次，由上文分析可知对风控经理和业务经理的激励不应同步提高，因此，当担保企业对风控经理的正激励强度增大时，对业务经理的正激励强度应适当减小。

(3) 业务经理操作担保业务的能力提升后，就会为担保企业拓展业务，所以担保企业理应增大对其正激励的强度。其次，风控经理的奖金不宜与担保业务的收益过多挂钩，也就是风控经理不应从担保收入中提成过多。理由是，这样容易导致风控经理失去客观公正的立场，转而与业务经理合谋骗取担保企业承保，最终导致风险代偿损失。因此，如果业务经理和风控经理业务能力相当，风控经理的激励不应过多与担保收入挂钩，且对业务经理的正激励应大于对风控经理的正激励，主要激励业务经理积极开展担保业务。

**3. 防控担保业务经理两阶段多任务道德风险的实践启示**

在担保实践中，两阶段多任务道德风险问题与三阶段道德风险问题的区别在于，前者涉及在担保尽职调查和保后监管这两个主要业务阶段，业务经理如何在推进业务开展和控制风险两项任务之间取得平衡，而后者侧重于业务经理在尽职调查、业务评审和保后监管三个业务阶段间努力的影响。因此，本书对这两个问题的研究结论与管理建议会有所差异。本书就业务经理的两阶段三任务道德风险的激励机制的管理实践提出如下建议。

(1) 在尽职调查阶段，业务经理业务开展能力的提升，意味着业务经理能够有效地开展业务，促成担保业务承保，增加担保企业的担保收入，因此在该阶段，应增加业务经理提成担保收入的比例，同时对其在保后监管阶段的正激励强度也应增大。

(2) 在尽职调查阶段，随着业务经理风险控制能力的提升，对该阶段业务经理的正激励强度应增大。由于担保项目在保后监管阶段经营状况存在较大不确定性，担保企业对业务经理在保后监管阶段的正激励强度应根据项目的具体情况调整。在保后监管阶段，随着业务经理在该阶段风险控制能力的提升，对该阶段业务经理的正激励强度也应根据项目的具体情况适度增大。

(3) 在尽职调查阶段，业务经理既要开展业务，又要控制担保风险，如何在开展担保业务和控制业务风险之间达到平衡，是担保业务操作的难点之一。担保业务经理应兼顾这两项任务，不可偏废一方。如果为推进业务而不顾风险控制，或者过于严格控制业务风险而不积极推进业务，都是不可取的，会给担保企业造成损失。基于以上分析，当兼顾开展业务和控制风险的两任务为中低难度时，对业务经理的正激励也维持在中低水平即可。而如果兼顾这两项工作难度为高难度时，就需要考虑这种兼顾难度是否超出业务经理的能力范围。在不超出业务经理的能力范围时，应对业务经理适度增加正激励。

(4) 业务经理在尽职调查和保后监管两阶段间努力水平影响程度变大，说明业务经理在尽职调查的努力会对保后监管阶段的努力有较大影响，为激励业务经理在尽职调查阶段尽责操作业务，担保企业对业务经理尽职调查阶段的正激励强度应增大；在保后监管阶段，为促使业务经理尽早解保，对业务经理在保后监管阶段的正激励强度也应增大。

### 11.2.2　防控风控经理道德风险的实践启示

风控经理在整个担保流程中，更多是监督和牵制业务经理的作用。本书从风控经理的角度，探讨风控经理可能发生的道德风险并给出担保实践建议。

(1) 在实际担保业务的操作过程中，担保企业根据项目难度的不同给予风控经理的激励也不同，对于难度较大的项目，应该减小对其激励强度；相反对于难度适中的担保业务，则应增大对其激励强度。与业务经理相比，风控经理是风险中性甚至是风险保守的，因此，根据两者对风险的态度的不同，担保企业给风控经理的奖金应该小于给业务经理的奖金。

(2) 在实际担保业务中，当风控经理的业务能力水平逐步提升时，担保企业可以通过给风控经理奖金，来促使其努力发挥自身能力。从企业收益的角度出发，担保企业可以让风控经理从担保收入提成少量奖金，提高工作积极性，以鼓励其更加严格地把握评审标准，增加担保企业的收益。对风控经理的提成比例过大会诱导其与业务经理合谋。

### 11.2.3 防控担保业务评委道德风险的实践启示

业务评委评审是担保项目是否得以承保的最后一道关卡。本书考虑了三种不同情况下担保业务评委可能发生的道德风险，并给出相应的担保实践建议。

**1．防控担保业务评委双边团队道德风险的实践启示**

(1) 在评委团队成员评审业务能力增强时，为鼓励评委将这种业务能力运用于评审业务，应给予其正激励。而且评委业务能力越强，应相应提高对其业务评审的奖励，以激励其充分发挥业务能力。

(2) 根据组织行为学群体规模与绩效关系的理论，评委团队成员规模应控制在合理的人数内。在合理人数范围内，评委人数增加，评委团队规模增加，对其业务评审的奖励也应递增。

(3) 对于发生风险代偿的担保业务，如经核查，评委团队的评审工作确实有失误，相关评委应承担一定比例的风险代偿损失。当评委团队成员承担的代偿损失比例偏低时，对其施加正激励还是负激励激励的大小，需要担保企业根据激励的目的和最终可能的激励效果权衡。既要给予其必要惩罚，也要激励其尽职评审以后的业务。

(4) 担保评委持什么样的风险态度是把控担保业务风险关键且重要的一环。对那些持风险中性态度的评委成员采取正激励还是负激励，应综合考虑开展业务和把控风险的关系，将业务评审奖励的正激励与负激励方式综合使用。

**2．防控担保业务评委团队多任务道德风险的实践启示**

(1) 担保企业评委不仅要从各自专业的角度单独对项目评审出具评审意见，

还要强化评委间的相互协作。这种协作要求评委的知识和经验具有较强的互补性，需要付出额外的努力。因此，为引导评委成员间的协作行为，也为补偿评委协作的努力付出，应强化激励。其次，在其他条件一定情况下，评委团队人数增多，需要协调评委间工作关系的工作量也增大，为激励评委尽职评审，也应强化对其激励。在其他条件一定的情况下，担保企业承保的担保业务量多，一方面表明可能通过了评审的确实是优质项目，另一方面也可能是评委把关不严所致。因此，适当减少对担保评委成员的业务评审的奖励，对防控担保风险是有利的。

(2) 在担保业务承保到最后顺利解保的过程中，客户企业有可能出现经营状况变化，导致担保代偿损失。如果经担保企业进一步复查，代偿损失发生与评委评审业务有关，有必要责令其承担一定比例的损失，以此约束评委评审业务的行为。那么，担保评委承担代偿损失的比例提高，意味着对其惩罚的加重，相应地，对其业务评审的奖励就会减小，这样才能使得惩罚起到约束其行为的作用。

(3) 在其他条件一定的情况下，评委要有合理的规模，每年承保的担保业务量也应有适度的范围，因为承保的业务量过多会增加代偿风险，而承保的担保业务量过少则会造成担保收入不足，不利于担保企业发展。因此，无论是评委团队的人数规模还是担保企业年承保的担保业务量，都应有合理适度的数量。

**3．防控担保业务评委团队两阶段道德风险的实践启示**

(1) 一般而言，担保企业根据担保额大小，对评委团队的审核权限有限制；评议会只能评审不超过一定担保额的担保项目。因此，在评议会评委和评审会评委不是同一团队成员的情况下，对于超出担保额的业务，既要发挥评议会评委初审工作的积极性，又要发挥评审会评委的把关作用，从而切实把控担保业务风险。因此，对于两阶段评委评审努力影响小的业务，说明担保额度没有超过限额，即使评委的道德敏感度偏高，也应对评议会评委施加高的正激励，减小对评审会评委的正激励，甚至不必给予其评审会评委。

(2)无论是评议会还是评审会，评委的人数均应维持在适度的范围内。在合理范围内，随着评委人数增加，评委间沟通协调的工作量也在增加，因此应增大对其正激励强度。

(3)如果评委在两阶段的道德敏感度提升，评委约束自己行为的意识也较强，可适度减小对评议会评委的正激励强度。两阶段评委间协作度增加时，也可适度增大对其正激励强度。

### 11.2.4 防控总经理道德风险的实践启示

担保企业总经理拥有担保公司经营管理职权，尤其在选人用人方面拥有最终决策权。业务经理的选人用人对于担保业务的开展和风险防控至关重要。现实中，担保企业总经理在这方面往往过于主观，而忽略人力资源管理部门的选人用人的参考意见。

(1)担保企业总经理在选人用人方面拥有最终决策权，所以总经理在这方面的风险规避度对于选好人、用对人至关重要。总经理风险规避度提高，也就是不愿冒风险，则对总经理在职业道德、责任心、素质能力的激励强度不能确定；换句话说，总经理在选人用人方面的职业道德、责任心和素质能力的激励强度，与其对待风险的态度可能关联性不大。这也就是说，总经理在选人用人方面持慎重态度，虽然需要其在职业道德、责任心和素质能力三方面努力，但是可能还是取决于其他个体和情境因素。

(2)担保企业总经理的道德敏感度对其职业道德、责任心、甚至自身素质能力形成方面，均是重要的影响因素。总经理道德敏感度高，提高自己职业道德、责任心和素质能力的意识就会提升，就会主动自觉地约束自己职业道德和责任心，并加强自己该方面的素质能力。这种精神层面的道德敏感度，主要是通过加强思想政治教育，提升自己的思想和觉悟。这种思想素质的提高，如果通过经济激励可能不一定能取得应有的效果。

(3) 担保企业给总经理制定的职业道德、素质能力和责任心方面的努力标准的提高，意味着担保企业总经理需要付出更多的努力才能达到这个标准，作为对总经理在这些方面的补偿，理应对总经理在这三方面增大正激励强度。这也就是说，岗位职责的要求提高了，薪酬激励也应该相应提高。

(4) 担保企业年度收益的平均单价提高，说明担保企业对客户企业的收费标准提高了，也就是担保收益提高了。担保企业的收益增加，是担保企业全体工作人员努力的结果，其中总经理在选人用人等经营管理中的贡献一定是不容忽视的。因此，理应增大对总经理的奖励力度，鼓励其在工作中加倍努力。

### 11.2.5　防控业务部门主管道德风险的实践启示

在担保企业中，一些业务部门主管可能会出现“教会徒弟饿死师傅”的情况，因而有所顾虑，会有意保留隐瞒自己的知识，不愿意将自身所学教给新员工。为此，可以采取如下措施，鼓励业务部门主管主动传授担保知识。

(1) 业务部门主管的担保知识量会随着工作年限或者学习等的增加而丰富，可以通过奖励的方式，激励其将自身的知识传授给新员工。业务部门主管传授担保知识如果得不到补偿，会挫伤其积极性。业务部门主管为风险中性或风险规避的，表明其对于是否传授担保知识不是很积极主动。在这种情况下，担保企业业务部门主管拥有的担保知识量的增加，对其激励强度应增大。

(2) 业务部门主管传授担保知识的责任感和道德敏感度提高，说明其把传授担保知识当作自己的任务和责任。这也就是说，业务部门主管认为自己有责任和义务培养新员工。而当业务部门主管为风险中性或风险规避时，表明业务部门主管还是有所顾虑。在这种情况下，担保企业更应增大对其正激励强度。

(3) 随着业务部门主管传授担保知识的传授能力的提高，对其激励强度应增大。在培训过程中，业务部门主管是否可以将自身的知识更好地传授给新员工，会直接影响培训的效用。业务部门主管传授知识的能力越高，就表示其在培训新员工的过程中，可以用自身的方式更好地将自身所学教给新员工，促使新员工快速灵活地运用所学知识。业务部门主管为风险中性或风险规避时，表明其存在顾虑，犹豫不决。因此，担保企业更应该提高对其奖励力度，提高其工作积极性，鼓励业务部门主管指导更多的新员工，并提高培训的质量。

(4) 业务部门主管风险规避度的增加，说明其对于传授担保知识不积极主动。担保业务风险的不稳定性增加，表明担保业务外部市场风险波动剧烈，外部不可控因素变化不稳定，这也会使得业务部门主管在传授知识时存在顾虑。因此，在这两种情况下，更应增大对业务部门主管的正激励强度。

## 11.3 研究不足与展望

融资性担保企业作为中小企业融资和银行贷款方面的桥梁，为中小企业融资提供了更多的机会，也推动了中小企业的健康发展。但是，担保行业高风险、低收益，也造成了担保企业在担保过程中发生代偿的概率很高。因此，担保企业需要不断提高风险识别与防控能力。本书受到大样本数据的获取性限制，难以进行实证研究，因此，选用案例研究的方式来验证数理模型结论在担保实践中的有效性和合理性。今后如果条件允许，可以收集到大样本数据，可以进一步实证研究，以使本书的研究结论对担保业务实务操作更有参考价值。此外，本书仅涉及融资性担保企业人员的道德风险问题，未来的研究还可进一步研究相应的逆向选择问题，或将担保企业人员的道德风险与逆向选择问题结合起来进行研究。

# 参考文献

[1] JEWITT I, KADAN O, SWINKELS J M. Moral hazard with bounded payments [J]. Journal of economic theory, 2008, 143(1): 59-82.

[2] 刘志荣 . 我国中小企业融资担保问题研究综述 [J]. 金融教学与研究，2009（1）: 28-32.

[3] 李从东，黄浩，张帆顺 . 基于演化博弈的领先用户知识共享行为激励机制 [J]. 计算机应用，2021，41 (6)：1785-1791.

[4] 林凯，王璐，陈丽华 . 信息不对称下的供应商创新激励机制研究 [J]. 工业技术经济，2021，40（2）: 3-11.

[5] 和征，张志钊，李勃 . 服务型制造企业开放式服务创新的声誉激励模型 [J]. 运筹与管理，2020，29（9）: 232-239.

[6] 陈克贵，任亮，王新宇 . 考虑代理人两类过度自信行为的委托代理关系模型 [J]. 武汉科技大学学报，2020，43（6）: 471-477.

[7] 曹柬，张梅美，许佳阳，等 . 竞争环境下针对双寡头回收处理商的政府激励机制设计 [J]. 管理工程学报，2020，34（5）: 114-121.

[8] 李铁宁，王蕊，胡建国 . 基于团队道德风险模型的担保企业评委激励机制 [J]. 数学的实践与认识，2019，49（20）: 71-79.

[9] 李铁宁，罗建华．基于团队道德风险模型的担保企业集团激励约束机制研究 [J]. 管理工程学报，2015，29（1）：59-67.

[10]李铁宁，罗建华．基于两阶段道德风险模型的激励约束机制 [J]. 系统工程，2013，31（2）：84-93.

[11]佟健，宋小宁．多维政绩考核、冲突任务与“为官不为”：一个多任务委托代理模型 [J]. 当代经济科学，2018，40（4）：84-90，127.

[12]BAO R J, LI S X, YU J. Can specialization be optimal when tasks are complementary?[J].Games and economic behavior, 2020, 119: 105-109.

[13]李大伟，张江华．基于多任务委托代理模型的导游激励问题研究 [J]. 运筹与管理，2017，26（2）：158-164.

[14] MAUCH C, Schöndube R J. Controlling scarce working time in a multi-task incentive problem[J]. European accounting review, 2019, 28(1): 151-175.

[15]谭春平，王烨．基于第四方物流的物流园区激励契约：双重任务委托代理 [J]. 商业研究，2017（6）：137-144.

[16]冯素玲，黄春晓．基于多任务代理模型的 P2P 网贷平台治理研究 [J]. 河南师范大学学报(哲学社会科学版)，2017，44（5）：39-45.

[17]夏轶群，梁冉．科技型中小企业专利质押融资信用风险分担机制研究：基于多任务委托—代理模型 [J]. 南方金融，2019（3）：42-48.

[18]罗建强，陆淑娴．基于多任务委托代理的混合产品生成激励机制 [J]. 系统工程学报，2020，35（4）：470-481.

[19]夏纪军．股权集中度与公司治理绩效 [J]. 世界经济文汇，2017（3）：46-63.

[20]BEHR P, DREXLER A, GROPP R, et al. Financial incentives and loan officer behavior: multitasking and allocation of effort under an incomplete contract[J]. Journal of financial and quantitative analysis, 2020, 55(4): 1243-1267.

[21]HERBOLD D, SCHUMACHER H. The agency costs of on-the-job search[J]. Games and economic behavior, 2020(121): 435-452.

[22]林晶，王健，郑敏．买方抗衡势力下双渠道促销合作微分博弈研究 [J]. 中国管理科学，2019，27（9）：80-92.

[23] 王志宏，温晓娟．非对称信息下供应链两阶段商业信用契约设计 [J]. 计算机集成制造系统，2017，23（6）：1359-1368.

[24]张建军，赵晋，张洪见，等．面向道德风险的易逝品供应链声誉演化研究 [J]. 中国管理科学，2013，21（1）：180-184.

[25]陈艳，谢亚雯，杜西津，等．基于声誉模型的多周期闭环供应链激励机制研究 [J]. 系统科学学报，2020，28（2）：129-135.

[26]吴萌．风险企业家考虑公平关切的风险投资多阶段激励模型 [J]. 管理工程学报，2016，30（3）：72-80.

[27]刘新民，刘晨曦，纪大琳．基于公平偏好的三阶段锦标激励模型研究 [J]. 运筹与管理，2014，23（3）：257-263.

[28]熊峰，方剑宇，袁俊，等．盟员行为偏好下生鲜农产品供应链生鲜努力激励机制与协调研究 [J]. 中国管理科学，2019，27（4）：115-126.

[29]陆阳，庄新田．动态不一致性对最优长期契约的影响 [J]. 东北大学学报(自然科学版)，2013，34（11）：1665-1668.

[30]张艳霞，段永瑞，赵欣斐．考虑知识共享的员工动态激励机制设计 [J]. 系统管理学报，2020，29（4）：806-815.

[31]郭汉丁，张印贤，陶凯．工程质量政府监督多层次利益分配与激励协同机制探究 [J]. 中国管理科学，2019，27（2）：170-178.

[32]HAN J, RAPOPORT A. Intention-based fairness preferences in multi-partner project teams[J]. Journal of behavioral and experimental economics, 2019, 81: 84-90.

[33] KRÄKEL M. Self-organizing teams[J]. Economics letters, 2017, 159: 195-197.

[34]TYMULA A. Competitive screening of a heterogeneous labor force and corporate teamwork attitude [J]. Journal of institutional and theoretical economics, 2017, 173(3): 523-547.

[35]张光军，陈旭彬，刘人境．中立、竞争与合作多代理人行为关系模型的比较与扩展 [J]. 管理学报，2018，15（9）：1402-1410.

[36]YANG F. Peer-dependent incentives and prepaid bonuses: an experimental investigation of productivity improvement[J]. Journal of behavioral and experimental economics, 2019, 81: 152-163.

[37]韩姣杰，周国华，李延来，等．有限理性条件下项目团队合作中多代理人行为演化 [J]. 系统管理学报，2011，20（1）：119-128.

[38]OMIYA S, TAMADA Y, TSAI T S. Optimal delegation with self-interested agents and information acquisition [J]. Journal of economic behavior and organization, 2017, 137: 54-71.

[39]施建刚，林陵娜，唐代中．整合个体激励和团队激励的多主体项目团队成员知识共享激励 [J]. 系统工程，2015，33（4）：37-45.

[40]CERRONE C, MANNA E. Pay for performance with motivated employees[J]. The B E journal of economic analysis and policy, 2018, 18(1): 1-8.

[41]贺一堂，谢富纪，陈红军．产学研合作创新利益分配的激励机制研究 [J]. 系统工程理论与实践，2017，37（9）：2244-2255.

[42]李恩极，李群．政府主导的产学研协同创新的利益分配机制研究 [J]. 研究与发展管理，2018，30（6）：75-83.

[43] 姜睿思，谢富纪．政府应如何补贴委托代理关系下的产学合作 [J]. 科技管理研究，2020，40（2）：40-47.

[44]张红霞．双边道德风险下食品供应链质量安全协调契约研究 [J]. 软科学，2019，33（9）：99-107.

[45]SHEN N. Incentive mechanism on customer knowledge collaborative acquisition with relational contract under double-sided moral hazard in big data context[J]. Cluster compuing, 2019, 22(7): 7925-7932.

[46]时茜茜，朱建波，盛昭瀚．重大工程供应链协同合作利益分配研究 [J]. 中国管理科学，2017，25（5）：42-51.

[47]吴士健，孙向彦，周忠宝．过度自信、违约补偿与众创投资平台三边道德风险规制 [J]. 运筹与管理，2019，28（8）：156-163.

[48]代建生，田惠文，秦开大．风险厌恶下合作研发的双边激励合同 [J]. 软科学，2017，31（3）：63-67.

[49]FU H, YANG J, AN Y. Contracts for venture capital financing with double-sided moral hazard[J]. Small business economics, 2019, 53(1): 129-144.

[50]FU H, YANG J, AN Y. Made for each other: perfect matching in venture capital markets[J]. Journal of banking and finance, 2019, 100: 346-358.

[51]CHANG J, HU Z. Venture capital contracting with double-sided moral hazard and fairness concerns[J]. Mathematical problems in engineering, 2018, 2018(1): 1-13.

[52]姜安印，张庆国．关系型融资下的科技创业企业控制权配置机制研究 [J]. 兰州大学学报(社会科学版)，2020，48（2）：103-112.

[53]姜明，李洪心，刘德海．基于电子商务 B2B 平台的个性化定制产品供应链治理结构重复博弈分析 [J]. 运筹与管理，2020，29（8）：45-51，72.

[54]范如国，李玉龙，杨维国．基于多任务目标的企业低碳发展动态激励契约设计 [J]. 软科学，2018，32（2）：38-43.

[55]刘新民，孙红华，李芳.代理人在职消费对动态多任务激励契约的影响[J].经济数学，2015（4）：54-58.

[56]黄艳，罗定提，鲁芳，等.基于多任务委托代理模型的导游动态薪酬契约设计[J].运筹与管理，2015，24（6）：281-287.

[57] 雷煊，严广乐.基于多项任务多阶段委托—代理模型的银行信贷风险管理研究[J].上海理工大学学报，2017，39（4）：376-380，388.

[58] SZYDLOWSKI M. Incentives, project choice, and dynamic multitasking[J]. Theoretical economics, 2019, 14(3): 813-847.

[59]李真，孟庆峰，盛昭瀚.工程施工团队中机会主义行为复杂性分析与计算实验[J].系统管理学报，2017，26（3）：502-511.

[60]段永瑞，黄凯丽，霍佳震.考虑团队分享和协同效应的团队员工多阶段激励模型[J].系统管理学报，2012，21（2）：155-165.

[61]张建军，赵启兰.两级物流服务商参与的供应链质量激励机制研究[J].商业经济与管理，2020（5）：5-21.

[62]张矢的，魏东旭.风险投资中双重道德风险的多阶段博弈分析[J].南开经济研究，2008（6）：142-150.

[63]刘新民，蔺康康，王垒，等.带有解聘补偿机制的过度自信高管动态激励契约设计研究[J].运筹与管理，2020，29（8）：202-212.

[64]HAN J, RAPOPORT A, PATRICK S W. Incentive structures in multi-partner project teams[J]. Engineering, construction and architectural management, 2019, 27(1): 49-65.

[65]JARQUE A. Repeated moral hazard with effort persistence[J]. Journal of economic theory, 2010, 45(6): 2412-2423.

[66]HOLMSTROM B, MILGROM P. Aggregation and linearity in the provision of

intertemporal incentives[J]. Econometrica: journal of the econometric society, 1987, 55: 303-328.

[67]STEVENS D E, THEVARANJAN A. A moral solution to the moral hazard problem[J]. Accounting, organizations and society, 2010, 35(9): 125-139.

[68]HSU I C. Enhancing employee tendencies to share knowledge: case studies of nine companies in Taiwan[J]. International journal of information management, 2006, 26(4): 326-338.

[69]陈宝林. 最优化理论与算法 [M]. 北京：清华大学出版社，2005：405.

[70]李星梅，刘再领，赵秋红. 可打断项目组合选择问题局部敏感性分析 [J]. 系统工程理论与实践，2016，36（7）：1816-1825.

[71]陈勇强，傅永程，华冬冬. 基于多任务委托代理的业主与承包商激励模型 [J]. 管理科学学报，2016，19（4）：45-55.

[72]金永红，奚玉芹，叶中行. 考虑声誉的风险投资多阶段动态融资模型研究 [J]. 系统工程理论与实践，2003（8）：76-80，86.

[73]柳瑞禹，秦华. 基于公平偏好和长期绩效的委托代理问题研究 [J]. 系统工程理论与实践，2015，35（10）：2708-2720.

[74]李铁宁，罗建华，唐文彬. 担保企业风险控制原理与担保企业集团化的必要性研究 [J]. 华东经济管理，2013，27（2）：68-70.

[75]HOLMSTROM B. Moral hazard in teams[J]. Bell journal of economics, 1982, 13(2): 324-340.

[76]RASMUSEN E. Moral hazard in risk-averse teams[J]. Rand journal of economics, 1988, 18(2): 428-435.

[77]田盈，蒲勇健. 多任务委托—代理关系中激励机制优化设计 [J]. 管理工程学报，2006（1）：24-26.

[78]AXTELL R. The emergence of firms in a population of agents: local increasing returns, unstable Nash equilibria, and power law size distributions[M]. [S.l.]: Brookings Institution Discussion paper: Center on Social and Economic Dynamics, 1999:8.

[79]LI S, ZHANG W. Optimal assignment of principalship in teams[J]. Journal of economic behavior & organization, 2001, 44: 105-127.

[80] MIRRLEES J A. The optimal structure of incentives and authority within an organization[J]. The Bell journal of economics, 1976 ,7(1): 105-131.

[81]HOLMSTROM B. Moral hazard and observability[J]. The Bell journal of economics, 1979, 10(1): 74-91.

[82] BAIMAN S. Agency research in managerial accounting: a second look[J]. Accounting, organization, and society, 1990, 15(4): 341-371.

[83]ARROW K J. Informational structure of the firm[J]. The American economic review, 1985, 75(2): 303-307.

[84]ENNO S, SRIDHAR B, ALEDA V R. Incentives that induce taskrelated effort, helping, and knowledge sharing in workgroups[J]. Management science, 2007, 53(10): 1533-1550.

[85]WANG M, SHAO C. Special knowledge sharing incentive mechanism for two clients with complementary knowledge: a principalagent perspective[J]. Expert systems with applications, 2012, 39(3): 3153-3161.

[86]林昭文，张同健，蒲勇健．基于互惠动机的个体间隐性知识转移研究 [J]. 科研管理，2008，29（4）：28-33，63.

[87]穆荣，张同建．隐性知识转移的不完全合约激励措施研究：基于经济人假设与互惠性假设条件下的对比性博弈均衡分析 [J]. 情报理论与实践，2011，34（1）：68-71.

[88]骆品亮，殷华祥．知识共享的利益博弈模型分析及其激励框架 [J]. 研究与发展管理，2009（4）：24-30.

[89] 周和荣，张鹏程，张金隆．组织内非正式隐性知识转移机理研究 [J]. 科研管理，2008，29（5）：70-77.

[90]冯帆，廖飞，杨忠．个体动机、激励选择与个体向组织的知识转移 [J]. 经济管理，2007，29（3）：51-55.

[91]OSTERLOH M, FREY B S. Motivation, knowledge transfer, and organizational forms[J]. Organization science, 2000, 11(5): 538-550.

[92]MARINO A M. Simultaneous versus sequential knowledge transfer in an organization[J]. Information economics and policy, 2011, 23(3): 252-269.

[93]GRILIEHE Z. Issues in assessing the contribution R&D productivity growth[J]. The econometric evidence, 1998, 10(2): 92-116.

[94]陈钊．信息与激励经济学 [M]. 上海：上海三联书店，2010（4）：20-22，87，94，105.

[95]LEE T W, MITCHELL T R, SABYLINSKI C J. Qualitative research in organizational and vocational psychology:1979~1999[J]. Journal of vocational behavior, 1999, 55(1): 161-187.

[96]Yin, R. K. Case Study Research: Design and Methods(3rd ed.)[M].Sage Publications. 2003.

[97]EISENHARDT K M. Building theories from case study research[J]. Academy of management review, 1989, 14(4): 532-550.

[98]叶康涛．案例研究：从个案分析到理论创建：中国第一届管理案例学术研讨会综述 [J]. 管理世界，2006（2）：139-143.

[99]毛基业，李高勇．案例研究的“术”与“道”的反思：中国企业管理案例

与质性研究论坛（2013）综述 [J]. 管理世界，2014（2）：111-117.

[100]罗伯特 .K. 殷 . 案例研究：设计与方法 [M]. 周海涛，李永贤，张衡，译 . 重庆：重庆大学出版社，2009.

[101]李富国，杨智斌 . 商业银行：高层经营管理者激励约束机制的动态模型 [J]. 当代经济科学，2004（4）：31-35，109.

[102]李铁宁 . 担保企业集团内部控制机制及其模式研究 [M]. 成都：西南财经大学出版社，2015.

# 附录　调查问卷

尊敬的担保企业工作人员：

本书“融资性担保企业防控人员道德风险的激励机制研究”，需要担保企业实践来验证研究结论。本次问卷为匿名填写，保证不会对被访者的工作和相关利益产生不良影响，不会传播您的任何信息。请您不要有任何顾虑，放心填答。本次问卷是选择题形式，您根据题干，选择一项认同的选项。如果不认同设置的选项，可以在“其他”选项栏目中，填写您在操作担保业务过程中工作的实际体验情况。问卷仅适用于正在或曾担任过业务经理、风控经理、担保业务评委、总经理和业务部门主管的工作人员填写。请您先选择下列工作职务之一，问卷系统会自动链接到所属工作职务问卷，再进行填答。

A. 业务经理

B. 风控经理

C. 担保业务评委

D. 总经理

E. 业务部门主管

# 融资性担保企业业务经理道德风险调查问卷

**1．尽职调查阶段**

(1)从担保业务开展和风险控制的角度全面考虑，业务经理在尽职调查阶段操作业务的过程中，如业务经理对担保风险的态度趋于保守，担保企业给予业务经理业务奖的力度应该如何变化?

A. 增大　　　B. 不变　　　C. 减小　　　D. 其他

(2)从节省担保企业人工成本的角度考虑，业务经理在尽职调查阶段操作业务的过程中，如业务经理对待风险的态度保持不变，当担保企业加大对风控经理的奖励力度时，担保企业给予业务经理业务奖的力度应该如何变化?

A. 增大　　　B. 不变　　　C. 减小　　　D. 其他

(3)在业务经理防控风险能力水平有限的情况下，如业务经理在尽职调查阶段操作项目的难度增大，担保企业给予业务经理业务奖的力度应该如何变化?

A. 增大　　　B. 不变　　　C. 减小　　　D. 其他

(4)从节省担保企业人工成本的角度考虑，在尽职调查阶段，业务经理和风控经理面对同等操作难度的担保项目，当担保企业增加对风控经理的奖励力度时，给予业务经理业务奖的力度应该如何变化?

A. 增大　　　B. 不变　　　C. 减小　　　D. 其他

(5)当业务经理操作担保项目的工作能力提升时，担保企业给予业务经理业务奖的力度应该如何变化?

A. 增大　　　B. 不变　　　C. 减小　　　D. 其他

(6) 当业务经理与风控经理有着相同水平的工作能力时，如担保企业增加对风控经理的奖励力度，给予业务经理业务奖的力度应该如何变化?

A. 增大　　B. 不变　　C. 减小　　D. 其他

(7) 在尽职调查阶段，当业务经理对担保业务的风险控制能力提升时，担保企业在此阶段给予业务经理业务奖的力度应该如何变化?

A. 增大　　B. 不变　　C. 减小　　D. 其他

(8) 从控制项目风险的角度考虑，当业务经理在尽职调查阶段的风险控制能力提升时，在保后监管阶段，担保企业给予业务经理解保奖的力度应该如何变化?

A. 先升后降　　B. 不变　　C. 先降后升　　D. 其他

(9) 在尽职调查阶段，当业务经理开展业务的能力提升时，担保企业在此阶段给予业务经理业务奖的力度应该如何变化?

A. 增大　　B. 不变　　C. 减小　　D. 其他

(10) 从促进业务拓展和兼顾风险控制两方面考虑，当业务经理在尽职调查阶段的业务开展能力提升时，在保后监管阶段，担保企业给予业务经理解保奖的力度应该如何变化?

A. 增大　　B. 不变　　C. 减小　　D. 其他

(11) 从节省担保企业人工成本的角度考虑，当业务经理在保后监管阶段的风险控制能力提升时，在尽职调查阶段，担保企业给予业务经理业务奖的力度应该如何变化?

A. 增大　　B. 不变　　C. 减小　　D. 其他

(12) 为有效控制保后监管阶段的担保业务风险，避免担保企业发生代偿损失，当业务经理在该阶段的风险控制能力由弱变强时，担保企业给予业务经理解保奖的力度应该如何变化？

A. 先升后降　　B. 不变　　C. 先降后升　　D. 其他

(13) 从业务经理的业务胜任力和业务开展两方面考虑，在尽职调查阶段，业务经理兼顾风险控制和业务开展两项工作的难度较大时，担保企业在此阶段给予业务经理业务奖的力度应该如何变化？

A. 先保持稳定再陡增　　B. 不变

C. 先保持稳定再陡减　　D. 其他

(14) 在业务经理道德敏感度、担保企业代偿损失分担率等影响因素稳定不变的情况下，当业务阶段间的努力影响增大时，担保企业给予业务经理业务奖的力度应该如何变化？

A. 增大　　B. 不变　　C. 减小　　D. 其他

(15) 各业务阶段间的努力影响、担保企业代偿损失分担率等影响因素稳定不变的情况下，随着业务经理道德敏感度增加，担保企业给予业务经理业务奖的力度应该如何变化？

A. 增大　　B. 不变　　C. 减小　　D. 其他

(16) 在业务阶段间的努力影响、业务经理道德敏感度等影响因素稳定不变的情况下，当担保企业代偿损失分担率提高时，担保企业给予业务经理业务奖的力度应该如何变化？

A. 增大　　B. 不变　　C. 减小　　D. 其他

**2. 业务评审阶段**

(1) 在业务经理道德敏感度、担保企业代偿损失分担率等影响因素稳定不变的情况下，当各业务阶段间的努力影响增大时，担保企业在业务评审阶段给予业务经理奖金的力度应该如何变化?

A. 增大　　B. 不变　　C. 减小　　D. 其他

(2) 在各业务阶段间的努力影响、担保企业代偿损失分担率等影响因素稳定不变的情况下，随着业务经理的道德敏感度增加，担保企业在业务评审阶段给予业务经理奖金的力度应该如何变化?

A. 增大　　B. 不变　　C. 减小　　D. 其他

(3) 在各业务阶段间的努力影响、业务经理道德敏感度等影响因素稳定不变的情况下，当担保企业的代偿损失分担率提高时，担保企业在业务评审阶段给予业务经理奖金的力度应该如何变化?

A. 增大　　B. 不变　　C. 减小　　D. 其他

**3．保后监管阶段**

(1) 为确保担保项目顺利解保，在尽职调查阶段，业务经理兼顾风险控制和业务开展两项工作任务的难度较大时，在保后监管阶段，担保企业给予业务经理解保奖的力度应该如何变化?

A. 增大　　B. 不变　　C. 减小　　D. 其他

(2) 为了避免担保企业发生代偿损失，业务经理在尽职调查阶段操作业务的努力，如影响到保后监管阶段风险控制的努力，那么在尽职调查阶段，担保企业给予业务经理业务奖的力度应该如何变化?

A. 增大　　B. 不变　　C. 减小　　D. 其他

(3) 从确保担保项目顺利解保方面考虑，业务经理在尽职调查阶段操作业务的努力，如影响到保后监管阶段风险控制的努力，那么在保后监管阶段，担保企业给予业务经理解保奖的力度应该如何变化？

A. 增大　　B. 不变　　C. 减小　　D. 其他

(4) 在业务经理道德敏感度、担保企业代偿损失分担率等影响因素稳定不变的情况下，当业务阶段间的努力影响增大时，担保企业给予业务经理解保奖的力度应该如何变化？

A. 增大　　B. 不变　　C. 减小　　D. 其他

(5) 在业务阶段间的努力影响、担保企业代偿损失分担率等影响因素稳定不变的情况下，随着业务经理的道德敏感度增加，担保企业给予业务经理解保奖的力度应该如何变化？

A. 增大　　B. 不变　　C. 减小　　D. 其他

(6) 在业务阶段间的努力影响、业务经理道德敏感度等影响因素稳定不变的情况下，当担保企业的代偿损失分担率提高时，担保企业给予业务经理解保奖的力度应该如何变化？

A. 增大　　B. 不变　　C. 减小　　D. 其他

## 融资性担保企业风控经理道德风险调查问卷

(1) 从担保业务开展和风险控制的角度全面考虑，当风控经理在尽职调查阶段对风险的态度趋于保守时，担保企业给予风控经理的奖励力度应该如何变化？

A. 增大　　B. 不变　　C. 减小　　D. 其他

(2) 从防控担保业务风险的角度考虑，风控经理在尽职调查阶段对待风险的态度保持不变，当担保企业加大对业务经理业务奖的力度时，担保企业给予风控经理的奖励力度应该如何变化？

A. 增大　　B. 不变　　C. 减小　　D. 其他

(3) 在风控经理风险防控能力水平有限的情况下，尽职调查阶段监控担保项目的难度增大，担保企业给予风控经理的奖励力度应该如何变化？

A. 增大　　B. 不变　　C. 减小　　D. 其他

(4) 从防控担保业务风险的角度考虑，当风控经理和业务经理操作同等难度的担保项目时，若担保企业加大对业务经理业务奖的力度，对风控经理的奖励力度应该如何变化？

A. 增大　　B. 不变　　C. 减小　　D. 其他

(5) 当风控经理在尽职调查阶段监控担保风险的能力提升时，担保企业给予风控经理的奖励力度应该如何变化？

A. 增大　　B. 不变　　C. 减小　　D. 其他

(6) 当风控经理与业务经理的工作能力相同时，若担保企业加大对业务经理业务奖的力度，对风控经理的奖励力度应该如何变化？

A. 增大　　B. 不变　　C. 减小　　D. 其他

## 融资性担保企业业务评委道德风险调查问卷

(1) 当担保评委团队成员业务能力增强时，担保企业对评委的奖励力度应该如何变化？

A. 增大　　B. 不变　　C. 减小　　D. 其他

(2) 当评委团队人数规模增大时，担保企业对评委的奖励力度应该如何变化?

A. 增大　　B. 不变　　C. 减小　　D. 其他

(3) 当担保评委团队成员承担的代偿损失比例提高时，担保企业对评委的奖励力度应该如何变化?

A. 增大　　B. 不变　　C. 减小　　D. 其他

(4) 当评委团队成员风险规避度提高时，担保企业对评委的奖励力度应该如何变化?

A. 增大　　B. 不变　　C. 减小　　D. 其他

(5) 当评委间协作度的增加时，担保企业对评委的奖励力度应该如何变化?

A. 增大　　B. 不变　　C. 减小　　D. 其他

(6) 在评委间协作度相同且年担保承保业务量一定的条件下，随着评委人数的增多，担保企业对评委的奖励力度应该如何变化?

A. 增大　　B. 不变　　C. 减小　　D. 其他

(7) 在评委间协作度相同且评委人数一定的条件下，随着年担保承保业务量的增多，担保企业对评委的奖励力度应该如何变化?

A. 增大　　B. 不变　　C. 减小　　D. 其他

(8) 当担保评委团队承担代偿风险的比例增加时，担保企业对评委的奖励力度应该如何变化?

A. 增大　　B. 不变　　C. 减小　　D. 其他

(9) 当承保的担保业务量一定时，随着评委人数增加，担保企业对评委的奖励力度应该如何变化?

A. 增大　　　B. 不变　　　C. 减小　　　D. 其他

(10) 从当评委人数一定时，随着承保的担保业务量增加，担保企业对评委的奖励力度应该如何变化？

A. 增大　　　B. 不变　　　C. 减小　　　D. 其他

(11) 随着年承保的担保业务量增多且评委团队成员人数减少时，担保企业对评委的奖励力度应该如何变化？

A. 增大　　　B. 不变　　　C. 减小　　　D. 其他

(12) 在评议会审核阶段，随着评议会评委人数的增加，对该阶段评委的奖励力度应如何变化？

A. 增大　　　B. 不变　　　C. 减小　　　D. 其他

(13) 当评委间的协作度为中等或高水平时，随着评委间协作度的增加，对该阶段评委的奖励力度应如何变化？

A. 增大　　　B. 不变　　　C. 减小　　　D. 其他

(14) 在评审会审核阶段，随着评审会评委人数的增加且两个业务阶段间努力的影响因子减小，对该阶段评委的奖励力度应如何变化？

A. 增大　　　B. 不变　　　C. 减小　　　D. 其他

(15) 随着评委道德敏感度的减小或评委间的协作度的增加，对该阶段评委的奖励力度应如何变化？

A. 增大　　　B. 不变　　　C. 减小　　　D. 其他

(16) 评议会评委的努力对评审会评委努力的影响对激励强度变化影响如何？

A. 增大　　　B. 不变　　　C. 减小　　　D. 不显著

## 融资性担保企业总经理道德风险调查问卷

(1) 当总经理在尽职调查阶段对风险的态度趋于保守时，担保企业对总经理在职业道德、素质能力和责任心方面的激励强度应该如何变化?

A. 增大　　B. 不变　　C. 减小　　D. 其他

(2) 当总经理的道德敏感度增强时，担保企业对总经理在职业道德、素质能力和责任心方面的激励强度应该如何变化?

A. 增大　　B. 不变　　C. 减小　　D. 其他

(3) 当担保企业给总经理制定的职业道德、素质能力和责任心方面的努力标准提高时，担保企业对总经理激励强度应该如何变化?

A. 增大　　B. 不变　　C. 减小　　D. 其他

(4) 当担保企业收益的单位价值提高时，担保企业对总经理在职业道德、素质能力和责任感方面的的激励强度应该如何变化?

A. 增大　　B. 不变　　C. 减小　　D. 其他

## 融资性担保企业部门主管道德风险调查问卷

**1. 在业务部门主管持风险中性态度时**

(1) 当业务部门主管传授担保知识的努力成本系数增加时，担保企业对业务部门主管的激励强度如何变化?

A. 增大　　B. 不变　　C. 减小　　D. 其他

(2) 当担保企业拥有的担保知识量的增加时，担保企业对业务部门主管的激励强度如何变化?

A. 增大　　B. 不变　　C. 减小　　D. 其他

(3) 当业务部门主管传授担保知识的责任感提高时，担保企业对业务部门主管的激励强度如何变化?

A. 增大　　B. 不变　　C. 减小　　D. 其他

(4) 当业务部门主管传授担保知识的道德敏感度增加时，担保企业对业务部门主管的激励强度如何变化?

A. 增大　　B. 不变　　C. 减小　　D. 其他

(5) 当业务部门主管传授担保知识的传授能力提高时，担保企业对业务部门主管的激励强度如何变化?

A. 增大　　B. 不变　　C. 减小　　D. 其他

**2. 在业务部门主管持风险规避态度时**

(1) 当业务部门主管传授担保知识的努力成本系数增加时，担保企业对业务部门主管的激励强度如何变化?

A. 增大　　B. 不变　　C. 减小　　D. 其他

(2) 当担保企业拥有的担保知识量增加时，担保企业对业务部门主管的激励强度如何变化?

A. 增大　　B. 不变　　C. 减小　　D. 其他

(3) 当业务部门主管传授担保知识的责任感提高时，担保企业对业务部门主管的激励强度如何变化?

A. 增大　　B. 不变　　C. 减小　　D. 其他

(4) 当业务部门主管传授担保知识的道德敏感度增加时，担保企业对业务部门主管的激励强度如何变化?

A. 增大　　B. 不变　　C. 减小　　D. 其他

(5) 当业务部门主管传授担保知识的传授能力提高时，担保企业对业务部门主管的激励强度如何变化?

A. 增大　　B. 不变　　C. 减小　　D. 其他

(6) 当业务部门主管的风险规避度增加时，担保企业对业务部门主管的激励强度如何变化?

A. 增大　　B. 不变　　C. 减小　　D. 其他

(7) 当担保业务的风险不稳定性增加时，担保企业对业务部门主管的激励强度如何变化?

A. 增大　　B. 不变　　C. 减小　　D. 其他